TOURISM

京师职教
JingShi Vocational Education

高等职业教育旅游大类系列
校企双元合作开发系列教材

CEHUA WENAN

策划文案

主　编：李　薇　李珊红
副主编：薛　艳　沈大明　陈海山

北京师范大学出版集团
BEIJING NORMAL UNIVERSITY PUBLISHING GROUP
北京师范大学出版社

图书在版编目(CIP)数据

策划文案／李薇，李珊红主编．—北京：北京师范大学出版社，2022.3(2023.7重印)

ISBN 978-7-303-27678-3

Ⅰ．①策… Ⅱ．①李… ②李… Ⅲ．①营销策划－文书－写作－教材 Ⅳ．①F713.50

中国版本图书馆CIP数据核字(2022)第001309号

教材意见反馈 gaozhifk@bnupg.com 010-58805079
营销中心电话 010-58802181 58805532

出版发行：北京师范大学出版社 www.bnupg.com
北京市西城区新街口外大街12-3号
邮政编码：100088

印　　刷：北京虎彩文化传播有限公司
经　　销：全国新华书店
开　　本：889 mm×1194 mm 1/16
印　　张：13.75
字　　数：285千字
版　　次：2022年3月第1版
印　　次：2023年7月第2次印刷
定　　价：35.80元

策划编辑：易 新　　责任编辑：岳 蕾
美术编辑：陈 涛 焦 丽　　装帧设计：陈 涛 焦 丽
责任校对：张亚丽　　责任印制：陈 涛

前 言

“策划文案”课程属于国家级课程思政示范项目，其目的在于使学习者掌握会展策划行业的写作思维与技能规范，提高书面表达能力，能将会展策划工作岗位遇到的典型问题诉诸文字加以解决。本书以习近平新时代中国特色社会主义思想为指导编写，注重校企合作、产教融合、双元育人，适合用作高职高专会展专业群教材，同时也可用作会展策划培训机构教材以及文案行业从业者参考用书。

• 内容选取：对接会展策划师职业标准与岗位需求

本书根据国家劳动保障部门颁布的国家职业标准中对会展策划师的职业要求，参照国家职业资格三级会展策划师鉴定标准，借鉴全国商科院校会展技能大赛、全国“挑战杯”大学生创业大赛等具有影响力的赛事精神，按照会展策划师的岗位需求，择取会展调研、策划、营销、宣传、服务和运营管理等范畴涉及的文种，围绕典型工作任务进行编撰，力求产教融合、赛学结合，融通岗课赛证。

• 内容组织：适应会展产业升级与职业变迁

本书为适应会展业转型升级，采用 MICE① 会展大概念，打破了目前会展文案教材多以展览为主、会议为辅的套路。涵盖会展调研文案、会展策划文案、展览执行文案、会议执行文案、公共传播文案、评估总结文案六大项目，涉及市场调研方案、节事活动策划方案、展会评估报告、直播文案等 26 个文种，辐射会、展、节、赛、演、游各个领域，贯穿会展项目前、会展项目中、会展项目后各个阶段，服务主办方、参展商、专业观众各类主体。较之同类教材内容更为丰富，能更好地满足会展行业格局拓展和会展职业变迁的需求。

• 内容结构：兼顾会展知识技能与职业素养

本书遵循“文案为表、思想为里”理念，坚持“项目导向、任务驱动”，每类项目下设任务，设置“知识学习目标”“技能素养目标”“问题”“认知”“案例”“行动”“反思”七个栏目，理论结合实际，强调做中学、学中做，兼顾知识与技能，注重产业文化、职业道德、行业规章、职业礼仪、环保意识等职业素养的融入，旨在赋予文字以质感、力量与生命，让学习者达到学思践悟、知行统一。

• 内容呈现：运用二维码技术拓展教材资源

本书遵循写作学习“不看不会、多看就会、不练不会、非练不可”的规律，采用二维码技术，快速即时呈现完整案例、模板和拓展知识，突破旧式教学时空局限，变教材为学材，拓宽

---

① MICE，即 Meetings（会议）、Incentives（奖励旅游）、Conferencing/Conventions（大型企业会议）、Exhibitions/Expositions（活动展览）和 Event（节事活动）的首字母缩写。

教材资源，优化教学效果，适应现代学习者接受习惯。教师可登录出版社网站获取教学辅助资源(PPT、题库、教案等)。

本书由广东轻工职业技术学院李薇、李珊红担任主编，广州科技贸易职业学院薛艳，广东轻工职业技术学院沈大明、陈海山担任副主编，在编写过程中得到了北京师范大学出版社的大力支持，在此表示诚挚的谢意。修订过程中，本书参考了许多专家的观点、理论，摘选了一些网络资源，在参考文献和注释中尽量详尽列出，或有遗漏，敬请谅解。

编　者

目　录

项目一　会展调研文案

>> 任务一　会展市场调研方案撰写 <<

■知识学习目标

1. 了解会展市场调研文案的重要性。
2. 掌握会展市场调查问卷的写法。
3. 掌握会展市场调查报告的写法。

■技能素养目标

1. 掌握会展市场调查问卷的写作技巧。
2. 能按照规范撰写会展市场调查问卷。
3. 能按照规范撰写会展市场调查报告。
4. 遵循爱国守法公民道德规范。

■问题

会展专业毕业生小王如愿进入了某知名会展企业工作，他所在的展览公司与教育界开展过良好的合作，协助举办过多次人才招聘会、高考咨询会等，这家公司决定在新兴领域游学方面举办一个新的“国际教育游学展”。该会展项目能否如愿开展，项目是否可行，参展商、专业观众是否满意，公司领导需要依据有效的信息进行判断，小王被安排针对此项目开展调研，并撰写一份该会展的市场调研文案。

请思考：小王和同事需要开展哪些调研？他们要如何进行调研？调研文案应该怎么写？

■认知

一、会展市场调研的概念

会展调研主要指会展企业收集、调查、记录、整理、分析有关会展产品、服务及市场等信息的活动。

会展市场调研从市场角度分类，有市场需求调研和市场竞争调研。市场需求调研围绕消费者、消费市场展开，市场竞争调研围绕竞争对手展开。从为会展主办方提供会展策划的角度分类，有主题调研、场馆调研、参观人数预测、同类展会竞争者调研、居民意识调研、环境影响调研。从会展评估的角度分类，有会展基本情况调研、会展主题调研、展示设计搭建情况调研、招商组展调研、广告宣传调研、会展后勤服务调研、经济与社会效益调研。

会展市场瞬息万变，会展市场调研既能为会展本身提供资讯，又能以展会为平台解决营销问题。通过客观数据分析，会展市场调研能够提高对营销因素的可控能力，提升对市场机会的分辨能力，加强对市场趋势的预见能力，增强对市场风险的防范能力。

二、会展市场调研的内容

会展市场调研的目的是收集具有价值、信息量大的资料。收集信息应注意时间性，特别是会展市场调研，由于开展时间集中，错过时机便难以收集。

(一)宏观环境调研

宏观环境调研包括社会经济环境、政策法律环境、文化环境、自然生态环境、科技环境、技术环境等信息的调研。

(二)行业产业调研

行业产业调研包括关联产业状况、行业产业规划、行业产业性质、行业产业规模、行业产业分布状况、厂商数量、产品销售方式、产品特性、技术含量、行业协会状况、市场准入规定等方面的调研。

(三)竞争状况调研

竞争状况调研包括竞争态势及市场结构、现有竞争者强度、替代威胁、进入威胁、购买者价格谈判能力、供应商谈判能力以及主要竞争者开展的会展项目独特竞争优势等方面的调研。

(四)消费者调研

消费者调研主要是对参展商和专业观众的调研，包括参展商或专业观众的基本情况、参展商或与会者的购买行为研究、对忠诚客户的调研等。展览会的参展商不仅仅是生产企业，还包括经销商和零售商。经销商和零售商也可能是专业观众。

(五)企业内部调研

企业内部调研包括企业发展战略及使命、企业内部资源、企业业务组合及相互关系、既往业绩、成功的关键要素等方面的调研。

(六)会展信息调研

会展信息调研主要是同类展会数量与分布情况、同类会展竞争态势、会展场馆及服务水平、参展者人数的调查预测、历届会展活动情况等。

三、会展市场调研的方法

会展市场调研一般遵循以下程序：确定调查目标→设计调查方案→进行实地调查→收集调研资料→整理分析资料→撰写调研报告。

调查方案包括调查目的、调查内容、调查方法、调查人员、调查进度、调查费用等。

实地调查需要招募调查员、准备调研问卷、现场调查、核查问卷。整理资料包括编校、归类、制表、分析等步骤。

会展市场调研方法包括实地调查法和文案调查法。实地调查法是搜集原始资料的调查方法，分为访问法、观察法和实验法。访问法分为直接访问、电话访问、邮寄调查等类型。观察法分为直接观察法和间接观察法。文案调查法指通过查阅、收集各种资料，获取信息的间接调查法。

四、会展市场调查问卷的写法

会展市场调查问卷是运用问卷的方式向参展商、客商和普通观众收集参加会展活动的意向、意见和要求的文书，有封闭式问卷、开放式问卷和混合式问卷等类型。

(一)结构

标题＋前言＋正文＋结束语。

(二)条目

1. 标题

会展项目名称＋“调查问卷”，如“中国水博览会调查问卷”。

2. 前言

调查的目的、意义，填答说明，感谢。

3. 正文

被调查者信息及具体调查项目，如“通过什么渠道知道展会?”“对展会服务是否满意?”等。

4. 结束语

再次表示感谢，结尾处注意写明调查机构名称以及日期。

(三)要求

1. 集中

问卷中所有的题目都需和调查目的相符合。

2. 简洁

问卷应尽可能简短，问题太多会影响填答。填答时间最好控制在15分钟以内。

3. 明了

问卷的题目要由一般性至特殊性，并具有逻辑性。问卷的指导语或填答说明要清楚，没有歧义。

五、会展市场调查报告的写法

会展市场调查报告是指在市场调查的基础上，运用科学的方法，对市场购买力、购买对象、购买习惯以及企业市场定位等进行有目的、有计划、有组织的调查、统计、预测的调研类文书。

(一)结构

标题+目录+正文+尾部。

(二)条目

1. 标题

会展市场调查报告的标题一般有单标题和双标题两种形式。

(1)单标题

公文式：调查单位+调查时间+调查主题+文种，如“×公司××××年关于××展会的市场调查报告”。

新闻式：揭示主旨，如“××市车展消费者满意度调查报告”“旅博会为何受到如此热捧?”。

(2)双标题

正标题归纳主旨，副标题补充说明，如“展品有特殊 服务有保障——关于第六届中国(合肥)旅游迎春购物展暨年货采购展览会的调查报告”。

2. 目录

大型市场调查报告内容丰富，可编制目录便于查阅。

3. 正文

(1)引言

简明扼要地说明市场调查报告的基本情况，包括调查目的、对象、范围、方法、结果等重要事项，使读者获得总体认识。

(2)主体

首先介绍市场调查的基本内容，其次对数据等调查结果进行深入科学的分析，最后提出解决问题的建议、措施及对策。

4. 尾部

尾部包括落款与附件部分。落款写明调查报告的制作单位及成文日期。无法完全展现的表格、支撑材料等内容可以附件形式加以注明。

(三)要求

1. 目的明确，针对性强

会展市场调查报告围绕某一具体问题展开，需要解决的问题集中而有深度。

2. 材料真实，逻辑严密

会展市场调查报告建立在确凿的事实基础之上，需对数据进行严密的逻辑论证，以便揭示市场变化规律，预测市场发展趋势，得出科学结论。

3. 叙议结合，陈述为主

会展市场调查报告采用第三人称的写法，对大量事例、数据进行客观陈述。同时还需对调查的所有事实、现象进行简明扼要的分析议论，力求探索市场规律，作出正确判断。

■案例

案例 1

××市展会展商调查表

为了提升主承办单位举办展会的质量，让参展商能达到预期的目的，我们真诚请您填写此表，望大力配合和支持。谢谢！(请在您认为合适的地方打“√”，空格处可补充。)

<table>
<tr><td>展会名称</td><td colspan="2"></td><td>举办时间</td><td colspan="2"></td></tr>
<tr><td>参展单位名称</td><td colspan="3"></td><td>展位号</td><td></td></tr>
<tr><td>填表人姓名</td><td></td><td>职务</td><td></td><td>联系电话</td><td></td></tr>
<tr><td colspan="6">1. 贵公司参展是否有成效
(　)有　(　)一般　(　)没有
2. 贵公司性质
(　)国有　(　)民营　(　)外资　(　)其他
3. 贵公司是第几次参加本展会
(　)第 1 次　(　)第 2 次　(　)第 3 次及以上
4. 您获取本次展会信息的渠道
(　)上届参展　(　)组委会邀请　(　)媒体
5. 您参展的主要目的
(　)获取订单　(　)开拓市场　(　)寻找合作伙伴　(　)其他
6. 您对本展会组织的满意度
(　)满意　(　)基本满意　(　)不满意</td></tr>
</table>

续表

7. 您对本展会资讯 (　)满意　(　)基本满意　(　)不满意 8. 您对本展会展馆秩序 (　)满意　(　)基本满意　(　)不满意 9. 您对展馆服务质量 (　)满意　(　)基本满意　(　)不满意 10. 您对本展会宣传力度 (　)满意　(　)基本满意　(　)不满意 11. 您对本展会到会客商及观众 (　)满意　(　)基本满意　(　)不满意 12. 您对本展会配套活动 (　)满意　(　)基本满意　(　)不满意 13. 贵公司是否会参加下届展会 (　)未定　(　)不参加　(　)参加 您对进一步办好该展会有何建议：					
调查单位	××市会议展览业协会	调查人		时间	年　月　日

点评：该调查表设计简洁明了，目的明确，针对性强，表格里面信息能够为组展方提供相应参考，且题目多是选择题，方便被访人员填写，又不至于需要花费较多时间。

案例 2

第×届××博览会国内参展商调查问卷

【为改进和完善××博览会的各项工作，促进××博览会的长远发展，我们设计了以下调查问卷，感谢您在百忙中参与我们的调查工作，本次调查内容仅限内部参考，您提供的一切信息将对外保密，请放心填写。】

单位名称：

联系人姓名：　　　　　　联系电话：

电子邮箱：　　　　　　　传真：

所属行业：　　　　　　　展位号：

1. 请问阁下通过哪些途径获悉本届博览会的信息：

□政府文件　□相关公司传递信息　□博览会网页

□大会印制的宣传资料　□主办单位的邀请

□报章及专业杂志刊登的广告、报道　□协办单位或展览公司的邀请

□其他博览会上获悉　□朋友介绍　□电视宣传

□电台　□网络渠道　□商会及其他团体

□其他，请说明：________________

2. 请问贵单位此次参展的目的：

□开拓市场，寻找商机　□展示宣传企业形象

□寻求合作，促进贸易　□交流信息，探索市场发展趋势

□寻求加盟经销商

□其他，请说明：________________

3. 请问贵单位有否在此次博览会期间建立新的业务联系：

□有，请注明：________________

□没有

4. 请问贵单位通过本次博览会取得哪些成果：

□提高了知名度　□达成项目投资合作意向

□促进国内外贸易交流　□达成购销意向　□建立国际合作关系

□其他，请说明：________________

5. 在本届博览会期间，贵公司收到的客商资料有：

□0～200 份　□201～500 份　□501～800 份　□800 份以上

6. 请问贵公司看中本次博览会的哪些亮点：

□产品和技术展示　□中外中小企业高峰论坛　□采购说明会

□融资洽谈会　□专题培训　□中外中小企业合作项目推介活动

□其他，请说明：________________

7. 对本届博览会的综合评价：

市场潜力：　优秀　良好　满意　一般　不满

博览日期：　优秀　良好　满意　一般　不满

品牌覆盖面：优秀　良好　满意　一般　不满

专业观众组织：优秀　良好　满意　一般　不满

展览场地：　优秀　良好　满意　一般　不满

宣传工作：　优秀　良好　满意　一般　不满

形象设计：　优秀　良好　满意　一般　不满

展位设计：　优秀　良好　满意　一般　不满

主办机构服务：优秀　良好　满意　一般　不满

承建商服务：优秀　良好　满意　一般　不满

展馆设施：　优秀　良好　满意　一般　不满

8. 请问贵公司是否有兴趣参加下届博览会：

□有兴趣　□否

贵公司最希望增加什么服务：________________

请列举原因：________________

9. 需要组委会提供何种展后服务：

□采购商资料　□下届展会资讯　□展会效果总结

□其他个性化服务，请说明：________________________

10. 请问您认为组委会应该在哪方面加强：

□展会宣传　□展场规划(区域划分、展位布置等)　□活动策划

□展前服务　□现场服务(登记服务、接待服务、资料索取、展位服务)

□安全服务　□其他配套服务：________________________

11. 其他意见：

____

____

点评：本份问卷设计遵循简单性、中立性、逻辑性、准确性原则，题量适中，问题安排具有逻辑性。

■行动

1. 设计中国国际美博会调研问卷并撰写调研报告。

中国国际美博会(原广东国际美博会)由广东省美容美发化妆品行业协会主办，创办于1989年，1996年以来每年举办两届。近几年来，各地美博会风起云涌，竞争激烈，为了更好地促进中国国际美博会的转型发展，进一步提升中国国际美博会的服务质量和服务水平，组委会与你所在的学校合作开展本届美博会的调研活动。

本次调研活动将采用问卷调查、重点访谈和案头调研等方法，对本届中国国际美博会的参展商和观众开展展会满意度调查。

参展商调查主要针对本届展会参展商，调查内容主要包括参展次数、展会信息获取渠道、参展目的、参展依据、展会综合满意度、展会现场服务满意度、预期目标实现程度、下届展会参展意愿。

观众调查主要针对本届展会观众，调查内容主要包括展会信息获取渠道、观展目的、观展满意度、预期目标实现程度、下届展会观展意愿。

请设计调研问卷，撰写调研报告，剖析本届展会的优势、特点以及缺点与不足，提出改进建议，为广州市政府相关部门和美博会组委会制定发展对策提供借鉴和参考。

2. 请设计校园毕业展的展会市场调研方案，开展调研，撰写调研报告。

■反思

市场调研除了数据收集、数据整理之外，结果可视化输出也是关键环节。目前市场有很多工具可供大家使用，如Quick BI和Ant V。

Quick BI：有丰富的图形，无缝对接各类云上数据库和自建数据库，大幅提升数据分析和报表开发效率，整体操作较为简便。

Ant V：具备数据分析功能，基于业务场景和用户需求设计，简单方便，设计规范。

除了这两种工具，你还知道哪些？

>> 任务二　会展项目可行性研究报告撰写 <<

■知识学习目标

1. 了解会展项目可行性研究报告的概念和内涵。
2. 掌握会展项目可行性研究报告的内容。
3. 掌握会展项目可行性研究报告的结构及要求。

■技能素养目标

1. 能辨别会展项目可行性研究报告与会展市场调查报告的差异。
2. 能按照规范撰写会展项目可行性研究报告。

■问题

小王和同事针对公司计划开展的新项目“国际教育游学展”开展了市场调研活动，发放并回收了调研问卷，获取了相关的资料。公司领导想要了解项目的可行性，包括该展会项目能否如愿开展，项目是否可行，参展商、专业观众是否满意等。公司领导需要依据有效的信息进行判断，于是安排小王和同事撰写会展项目可行性研究报告。

请思考：会展项目可行性研究报告需要分析哪些方面的内容？怎么撰写会展项目可行性研究报告？

■认知

一、会展项目可行性研究的概念

会展项目立项可行性研究是在会展决策之前，运用专门的技术经济方法，对拟立项的会展项目的必要性、实施的可能性、有效性和风险性进行分析、预测、计算、评估和论证，为选择最佳会展决策方案提供科学依据的活动。

会展立项策划与会展项目可行性研究具有紧密关系。会展立项策划对举办什么题材的会展和如何举办该会展提出了一个初步意见，制定了一套初步方案，至于该会展是否真的可以举办和该方案是否真的可行，还需要对该会展项目及方案进行可行性研究。会展立项策划回答会展是什么样的，会展项目可行性研究则回答这样的会展是否可行。可行性分析的结论及其他必须考虑的因素，才是决定最后是否可以举办该会展的最终依据，为最后是否举办该会展提供科学的决策依据。

如果会展立项策划通过可行性分析，证明计划举办会展的市场条件具备，项目具有生命力，各种执行方案策划合理，项目在经济上可行，风险较小且有一定的社会效益，就可以通过该会展立项策划，决定举办该会展了。

可行性研究是在市场调研的基础上对整个项目进行综合分析和评价的结果，更体现专业性、规范性和科学性。市场调研是对产品未来市场情况所进行的收集资料和分析资料的过程，而可行性研究偏重于资金筹措到位后，项目设计、执行能否取得既定的经济效益和社会效益。

二、会展项目可行性研究报告的内容

会展项目可行性研究报告是办展机构决定是否要举办该会展的重要依据，因此，会展项目可行性研究报告的写作必须做到材料真实充分，分析客观科学，判断准确有理。会展项目可行性报告主要包括以下内容。

(一)市场环境分析

市场环境分析是会展立项可行性分析的第一步，它是根据会展立项策划提出的会展举办方案，在已经掌握的各种信息的基础上，进一步分析和论证举办会展的各种市场条件是否具备，是否有举办该会展所需要的各种政策基础和社会基础。市场环境分析不仅要研究各种现有的市场条件，还要对其未来的变化和发展趋势作出预测，使立项可行性分析得出的结论更加科学合理。市场环境分析主要包括以下几个方面。

(1)宏观市场环境：包括人口环境、经济环境、技术环境、政治法律环境、社会文化环境等。

(2)微观市场环境：包括办展机构内部环境、目标客户、竞争者、营销中介、服务商、社会公众等。

(3)市场环境评价：SWOT 分析法，即内部优势、内部劣势、外部机会、外部威胁分析。

(二)会展项目生命力分析

市场环境分析是从计划举办的会展项目的外部因素出发，分析举办该会展的条件是否具备；会展项目生命力分析则是从计划举办的会展项目的本身出发，分析该会展是否有发展前途。分析会展项目的生命力，不是只分析会展举办一届或两届的生命力，而是要分析该会展的长期生命力，即要分析如果本会展举办五届以上，本会展是否还有发展前途的问题。项目生命力分析主要包括以下几个方面。

(1)项目发展空间：分析举办该会展所依托的产业空间、市场空间、地域空间、政策空间等是否具备。

(2)项目竞争力：会展定位的号召力、办展机构的品牌影响力、参展商和观众的构成、会展价格、会展服务等。

(3)办展机构优劣势分析。

(三)会展执行方案分析

会展执行方案分析是从计划举办的会展项目本身出发，分析该会展项目立项计划准备实施的各种执行方案是否完备，是否能保证该会展计划目标的实现。会展执行方案分析的对象是该会展的各种执行方案，分析的重点是各种执行方案是否合理、是否完备和是否可行。

1. 会展基本框架评估

会展基本框架具体包括会展名称、会展地点、办展机构、办展时间、展品范围、办展频率、会展规模和会展定位等基本信息。

重点检查以下事项：会展名称和会展的展品范围、会展定位之间是否有冲突；办展时间、办展频率是否符合展品范围所在产业的特征；会展的举办地点是否适合举办该展品范围所在产业的会展；在展品范围所在产业里能否举办如此规模和定位的会展；办展机构在计划的办展时间内能否举办如此规模和定位的会展；办展机构对展品范围所在的产业是否熟悉；会展定位与会展规模之间是否有冲突。

需要强调的一点是：对会展基本框架进行评估，重点不是分析构成会展基本框架的某一个因素的策划安排是否合理和可行，而是从总体上分析会展基本框架是否合理和可行。因为，尽管对构成会展基本框架的每一个因素的策划安排可能是合理和可行的，但由这些因素所构成的会展基本框架从总体上看却可能是不合理和不可行的。所以，要避免这种“个体合理，群体冲突”现象的出现，对会展基本框架进行评估就十分重要。

2. 招展、招商和宣传推广计划评估

招展、招商、宣传推广三个计划在具体实施时相互影响。例如，招揽企业参展的过程，实际上部分起到了邀请观众到会展参观的作用，客观上也是为会展在本行业内作宣传。邀请观众到会展的过程，实际上也部分起到了招揽企业参展的作用，客观上也是为会展在本行业以及相关行业内作宣传。宣传推广在实施时，不仅是为会展作宣传，也是为了招揽企业参展和邀请观众到会。三个计划要重点突出、目标明确。

3. 会展进度计划评估

会展进度计划是对会展筹备以及展览期间各项工作进行统筹安排，主要目的是让各办展机构以及工作人员明确会展各期间的工作任务，明确各办展机构什么时候做什么事情，到什么时候完成什么任务，达到什么目标。

会展进度计划评估是检测计划能否使会展筹备及展览期间各项工作有条不紊地开展并保质保量地完成。

重点检查以下事项：各项工作进程安排的合理性、各阶段工作目标的准确性、各项工作安排的配套性、各项工作安排的可行性、各阶段工作安排的统一性。

4. 现场管理和相关活动计划评估

现场管理计划是对会展开幕现场和会展展览现场进行管理的计划安排。相关活动计划是对会展同期举办的各种研讨会、表演和比赛等进行的计划安排。这两项计划的具体执行时间是在展览期间，地点多在会展现场，执行时彼此影响。

重点检查以下事项：现场管理的周密性、现场管理计划的可控性、相关活动的必要性、相关活动的可行性、现场管理和相关活动的协调性。

(四)会展项目财务分析

会展项目财务分析是从办展机构财务的角度出发，按照国家实施的各项财政、税收、经济、金融等规定，在筹备举办会展时确定价格的基础上，分析测算举办该会展的费用支出和收益，并以适当的形式筹集和规划举办会展所需要的资金。会展项目财务分析的目的是分析计划举办的会展是否经济可行，并为即将举办的会展制订资金使用规划。会展项目财务分析主要包括以下内容。

1. 价格定位

会展定价目标有五种：利润目标、市场份额目标、市场汲取目标、会展质量领先目标、生存目标。办展机构选择何种定价目标受到顾客、成本和竞争三方面影响。

2. 成本预测

成本预测一般包括以下项目(表 1-2-1)。

表 1-2-1　成本预测的项目及内容

项　　目	内　　容
展览场地费用	租用展览场馆以及由此而产生的各种费用。这些费用包括：展览场地租金、展馆空调费、层位特装费、标准层位搭建费、展馆地毯及铺设地毯的费用、展位搭装加班费等
会展宣传推广费	包括广告宣传费、会展资料设计和印刷费、资料邮寄费、新闻发布会的费用等
招展和招商的费用	略
相关活动的费用	包括技术交流会、研讨会、开幕式、嘉宾接待、酒会、现场布置、礼品、聘请临时工作人员的费用等
办公费用和人员费用	略
税收	略
其他不可预测的费用	略

会展项目的收入一般包括：展位费收入、门票收入、广告和企业赞助收入和其他相关收入等。

由此构成最终利润，可用来计算投资利润率和静态投资回收期。

3. 盈亏平衡分析

对会展进行成本收入预测时，往往需关注本次会展的展览规模要有多大才能保证不出现亏损；或者展览规模已经确定，会展价格应该处于怎样的水平才不会出现亏损。由此必须使会展总收入等于总成本。

能够使会展达到盈亏平衡的会展规模就是会展盈亏平衡规模，能够使会展达到平衡的价格就是会展盈亏平衡价格。关键点便是找到盈亏平衡点，也就是能使会展达到盈亏平衡的会展规模或会展价格，可以通过以下公式求得。

按单位标准展位来定价：

盈亏平衡价格(单个展位)＝会展总成本÷会展总展位数

按单位展览面积来定价：

盈亏平衡价格(单位展览面积)＝会展总成本÷会展展览总面积

能够使会展达到盈亏平衡的标准展位数量：

盈亏平衡规模(标准展位数量)＝会展总成本÷单位标准展位价格

能够使会展达到盈亏平衡的展览面积：

盈亏平衡规模(展览面积)＝会展总成本÷单位展览面积价格

4. 现金流量分析

现金流量是指未来一定期间所发生的现金收支。现金收入称为现金流入量，现金支出称为现金流出量，现金流入量与现金流出量相抵后的余额称为现金净流量。

不是所有会展都能在第一届或第二届盈利，有些需要一个培育的过程。对于处在培育期的会展而言，现金流入量与会展收入大致相同，现金流出量与会展支出大致相同。

现金流量分析，包括净现值分析、净现值率分析、获利指数、内部收益率。这些指标可用于对会展是否值得举办作出初步判断。

(1)净现值分析

净现值指会展项目计算期内，按行业基准收益率或其他设定的折现率折算的各届会展的净现金流量的代数和。如果净现值大于零，该会展就值得举办。

(2)净现值率分析

净现值率指会展项目的净现值占原始投资现值总和的百分比。如果净现值率大于或等于 1，该会展就值得举办。

(3)获利指数

获利指数指会展项目举办后按行业基准收益率或其他设定的折现率折算的各届会展的净现金流量现值总额与原始投资现值总额之比。如果大于或等于 1，该会展就值得举办。

(4)内部收益率

内部收益率指会展项目的净现值等于零时的折现率。如果内部收益率大于资金成本，该会展就值得举办。

5. 资金筹措

办展机构要根据自身的经营状况以及会展筹备工作对资金投入的需要，通过一定的渠道，采取适当的方式获取一定的资金。

办展机构筹措资金时，应遵循以下原则：规模要适当；筹措要及时；方式要经济；来源要合理。

(五)风险预测

从会展立项可行性分析的角度看，风险就是办展机构在举办会展的过程中，由于一些难以预料和无法控制的因素的作用，办展机构举办会展的计划和举办会展的实际收益与预期发生背离，从而使办展机构举办会展的计划落空；或者虽然会展如期举办，但办展机构有蒙受一定经济损失的可能性。

风险预测包括市场风险、经营风险、财务风险以及合作风险(表 1-2-2)。

表 1-2-2　办展风险及其后果

风　　险	后　　果
市场风险	没有做到精确的市场定位及后期市场预测，对会展的管理能力、行业利润等过高估计，造成盲目办展，误导投资者，导致行业恶性膨胀
经营风险	用人不善，经营管理不善，导致会展运作效率低下，效果不佳
财务风险	资金周转困难，现金流短缺，不能满足会展日常运行开支
合作风险	与参展商存在争议，参展商提出不合理要求致使合作终止

三、会展项目可行性研究报告的写法

(一)结构

标题＋正文＋落款＋附件。

(二)条目

1. 标题

标题的写法较为固定，一般为“项目＋文种”，如“第×届渝洽会可行性研究报告”。

2. 正文

正文一般分为前言、主体和结论三部分。

(1)前言

前言又叫总论、概论，主要介绍研究报告的基本情况，如项目名称、时间、地点等。

(2)主体

主体是报告的重点，运用定性与定量分析的方法，对指定会展的市场、技术、财务等方面进行论证和评价。

主体一般包括四方面内容：一是建设背景，分析论证会展立项的必要性，通过宏观背景分析，与同类会展比较，回答为什么筹办这个会展；二是建设条件，通过描述目前状况，回答可不可以筹办这个会展；三是建设方案，分析论证怎样办这个会展；四是投资预算及资金筹措，通过进行经济预测、风险预测等，再次回答可不可以办这个会展。

会展项目可行性研究报告是对会展可行或不可行作出系统的评估，并为最终完善该会展项目立项策划的各具体执行方案提供改进依据和建议。

(3)结论

经过以上分析，最终要得出相应的结论，就项目立项及可行性作出判断。

3. 落款

落款部分需要写明单位名称和成文时间，必要时加盖公章。

4. 附件

附件是根据报告需要所附的表格、文件、图纸等，如项目批准文件、物料供应协议、投资估算表、平面设计图等。

(三)要求

会展项目可行性研究报告的撰写有其特定的要求，主要体现在以下两个方面。

1. 前瞻性

会展项目可行性研究报告是在决策之前向上级呈报的文书，应对计划实施的会展项目作出前瞻性分析。

2. 科学性

会展项目可行性研究报告需建立在深入细致的调查研究和分析论证的基础之上，运用科学方法反映项目的整体情况，特别是行业产业的发展趋势。

■案例

20××年武汉创意家居展览会可行性研究报告

(封面、目录略)

第一章　总论

随着社会经济水平的不断提高，人们已经不再只满足于基本的生理需求，而是开始更多地注重生活品位。大众消费水平的不断提高，直接引发了人们对生活情趣更高层次的追求，追求时尚，注重品质，崇尚个性。而一个美好、温馨、舒适、有品位的家，需要各式各样集装饰性、实用性、观赏性于一体的创意家居用品来装扮。国内创意家居用品市场的需求空间在强大的消费拉动下变得空前宽广。

为了……××公司提出举办20××年武汉创意家居展览会的设想，以下是展会概括。

1. 展会名称(略)

2. 展会时间(略)

3. 展会地点(略)

4. 办展机构：主办方、承办方、协办单位(略)

5. 主题定位(略)

6. 市场定位(略)

7. LOGO设计(略)

8. 展会规模(略)

9. 展会亮点(略)

10. 目标参展商(略)

11. 展品范围

创意家具：卧室家具、客厅家具、厨房家具、餐厅家具、书房家具、儿童家具、浴室家具、藤制家具、金属家具、塑料家具等。

创意饰品：居家装饰摆设品、时尚配饰、艺术灯饰、家居挂饰/装饰画及配件、手工艺品、仿真植物、人造花艺、熏香产品、蜡烛、限量版设计品、桌面饰品、窗饰、卡通饰件、墙纸、地毯、陶器、屏风、雕塑、挂毯等。

装饰材料：家用纺织品面料、家具装饰五金、纸藤、纸布、家具商标牌、无纺布、非织造布、装饰纸、装潢薄膜、家具艺术玻璃、装饰板材、绿色黏合剂、树脂、油漆、涂料、磨具等。

12. 展位价格

普通标准展位(3 m×3 m)　　价格(略)

特装展位(36 m^2 起)　　价格(略)

第二章　市场环境分析

一、创意家居行业市场分析

创意家居是指在满足产品本身的使用功能外，在外观的设计上融入时尚、个性化追求的家居日用品、家居装饰品等。产品以独特的设计打动人心，融合了设计师的创新和灵感，符合人们对生活环境以及生活品质的高要求。创意时尚家居展现的魅力能舒缓生活中的部分压力，增添生活以及工作的乐趣。

关于家居装饰看法的调查结果：

被调查者的意见	所占比重
居室装修随着时间的推移而贬值、落伍、淘汰，不仅无法保值，而且会降低自己的居住质量和生活品质	81%
将会加大自己居室装饰方面的投入	70%
装饰居室要体现个人风格、品位	74%
通过小物品的摆放和点缀，营造独具一格的家居情趣	55%

中国社会调查事务所(SSIC)在北京、天津、武汉、上海、广州五地做的家居装修、装饰的专项问卷调查显示，在新千年中，中国公众家庭家居装修、装饰将会涌现新的潮流。

一是“装饰性”投资将逐步加大。专家认为，居室陈设将成为家装的重要组成部分，超过整个设计含量的1/3。

二是调查显示，更多的人准备将装修费省下来，用以购买能够让家充满个性和情趣的装饰品。

所有资料表明，家饰业是继家电业、建材业之后兴起的又一朝阳产业！

二、武汉家居市场分析

(一)潜力分析

武汉市民可支配收入及居住消费一直呈上升趋势，但武汉市统计局的资料表明，武汉市民的家居消费长期停留在一个较低的水平上。与全国家居消费水平(8.6美元)、上海家居消费水平(30美元)相比，武汉的家居消费(8.28元人民币，不到2美元)显得太低，与武汉的大都市地位很不相称。随着生活水平的提高，武汉市民的家居消费观念也会有一定的转变，这必然会带动家居消费的增长。

(二)市场走势分析

1. 建设超大型家具市场

发挥武汉的区位优势，以产业作支撑，开发建设一个具有辐射功能的仓储式超大型家具市场，要借鉴广东东莞、江苏蠡口、河北香河等超大型市场的成功经验，充分利用京珠、沪蓉两大交通命脉的资源优势，合理选址，使之成为中西部地区最大的家具集散地和物流配送中心。

2. 重视品牌家居与品牌专卖

不同于以往更关注家居的使用价值，而今的消费者亦非常注重家居的装饰效果和审美价值。家居不再仅仅是简单的日用品，它更重要的是能体现使用者的身份和代表使用者独特的风格、喜好。品牌家居的魅力就在于把消费者的追求融合到产品之中，引导家居消费的新潮流。

近几年，家居商城越来越多，市场竞争更趋激烈，其中家居品牌专卖店通过改善软硬环境、自营连锁、品牌运作，使得顾客盈门、生意兴隆。谁拥有品牌专卖权，谁就占据了市场的主动。武汉的×××家居城、××家居城就是一个例证。×××家居城、××家居城汇聚了众多的家居知名品牌，加上优美的购物环境、统一完善的服务，使顾客有了消费的满足感和对产品的依赖感，因而广受欢迎。

3. 重视教育家居

武汉是全国高校最密集的城市之一，也是高校后勤社会化改革试点城市。随着近几年来招生规模的不断扩大，目前武汉在校的高校学生已超过××万，而校舍有限与招生规模不断扩大的矛盾愈显突出，因此，学生公寓建设已成为后勤改革的重要内容。据了解，20××年华中科技大学、中南财经政法大学、江汉大学等高校向社会竞标学习公寓×万套，而这些订单全部被本地企业纳入囊中，产值达×千万元，与上年相比，学生公寓家具提升了全行业年产值××个百分点。

20××年武汉各类在校学生(包括幼儿园)共计×××余万人。学校基础设施的再建设、办公与实验室设备的更新都会带动教育家居的发展。但目前武汉尚没有一家家具企业具备生产高档实验室家具的能力，对学校实验室家具的发展了解重视不够。武汉家具企业必须重视技术更新与企业改造，须针对各类学校不同年龄段的学生、不同使用用途及特殊用途的家具，开发不同的教学家具以满足不同需要。

4. 重视儿童家具、老年人家具、家庭办公家具的开发

武汉人口结构中，0～19岁年龄段占26.6%。父母有为自己儿女营造一个良好的休息和学习环境的强烈需求，儿童及青少年卧室家具及书房家具会有持续强劲的增长。另外，武汉市50岁以上老年人占全市人口的21.5%，适合老年人生活起居的家具市场的前景也十分诱人。设计开发风格古朴，具有安全、保障作用，使用方便，易于清洁的老年人家具可望成为市场的新热点。

随着21世纪信息社会的到来，武汉“十一五”规划的实施，东湖新技术开发区及光电子信息产业基地建设的加快，现代办公方式的改变，电脑、打印机、复印机、传真机的普及，占地少、功能全、拆装灵活、使用方便的家庭办公家具、书房家具，越来越受欢迎。

5. 园林建设将带动户外休闲系列家具发展

武汉市“十一五”规划纲要指出：突出滨江、滨湖特色，加速建设“武汉外滩”、东湖风景区、木兰生态旅游区和龙阳湖风景区，新建、改建一批市、区级花园，配套建设一批小公园和小游园。实施三环和外环绿色屏障工程，建设沿江、沿路绿化带。加强荒山绿化与封山育林，重点建设青龙山等国家森林公园，保护汤逊湖等湖泊，形成武汉环城生态屏障。随着城市环境的改变，人们的活动空间将不断向外延伸。相应地，户外休闲系列家具将成为一大卖点。

(三)消费者市场分析

国家权威机构20××年统计数据表明：全国××个省会城市，×××个地级城市，近××××个县级城市，家居饰品的年消费能力高达2000亿～3000亿元；一个10万人口的小县城，家居饰品年消费能力不低于1000万元。

(具体调查数据略)

(四)市场环境评价——SWOT分析法

1. 优势

• 创意家居用品源自韩国和我国台湾，现在正以不可阻挡之势风靡全球！

在韩国，杂货艺术已经盛行很久，欧美各国近年来也逐渐重视创意家居的魅力。

• 人们对生活质量的要求越来越高，创意家居前景十分广阔。

• 由于房价的飞速上涨给越来越多的家庭带来了购房的巨大压力，经济能力有限的消费者只能选择小户型住房，他们对创意家居的需求尤为突出，这样就给创意家居市场带来了发展空间。

2. 劣势

• 价格昂贵，商场所卖的家居用品少则几百多则几千，产品不能广泛流通，投资者找不到正规的进货渠道。

• 经营无序，在批发市场进货，“水货”充斥，商品雷同，各店为争客源，恶

性竞争，挤压利润空间。

• 没有物流平台，每次进货都要亲自到市场去，旅途劳累，费用高，效率低。

• 商品进货不对路、滞销、积压，占用流动资金，投资风险加大。

相对北京、上海、广州等会展业发达地区而言，武汉的会展业发展水平较低，科技文化竞争力、对外开放竞争力和经济竞争力比较落后，基础设施建设亟须大力改善。武汉所拥有的品牌展会不多，各种类型的展会层出不穷，造成武汉展会鱼龙混杂的局面。

3. 机会

初步核算，20××年全年国内生产总值397983亿元，比上年增长10.3%，其中第三产业增加值171005亿元，增长9.5%。第三产业增加值比重为43.0%。居民消费价格一季度同比上涨2.2%，二季度上涨2.9%，三季度上涨3.5%。全年农村居民人均纯收入5919元，剔除价格因素，比上年实际增长10.9%；城镇居民人均可支配收入19109元，实际增长7.8%。农村居民家庭非食品消费支出占消费总支出的比重为58.9%，城镇为64.3%。这一系列的数据表明，包括会展业在内的第三产业正在大力发展，展会的举办会给国家及相关城市带来不凡的经济效益。而人们用于非食品消费的支出比重之大给家居行业带来了很大的发展空间。

国家“十二五”规划第四篇中指出，把推动服务业大发展作为产业结构优化升级的战略重点，营造有利于服务业发展的政策和体制环境，拓展新领域，发展新业态，培育新热点，推进服务业规模化、品牌化、网络化经营，不断提高服务业比重和水平。

……

综上所述，国家对服务业的大力支持是会展业发展的依赖，有了相关政策的鼓励，展会的举办必定会得到更多的便利。

4. 威胁

• 客观性风险：易受到经济萧条的冲击。

• 不确定风险：社会消费方式的不利变动。

• 相对性风险：同类型展会的影响。

5. 强优弱劣应对风险

• 强化优势：提高客户服务能力。

• 弱化劣势：从发达地区引进展出需要的各种设备，联合权威的宣传渠道进行宣传，请有代表性的专家做访谈，对当地的观众进行周期性的引导和持久的影响。

• 应对风险：应当对风险进行规避、接受、降低、分担。

规避：通过预先制定的方案阻止高风险的经营活动或交易行为的发生，遇到风险时随机应变，停止某些特殊的经营活动。

接受：根据市场情况的许可对产品进行价位调整，从而补偿风险成本。

降低：将实物、资产分放，提前预备人力与物力的补给，将不良事件的发生可能性降到最低。

分担：让有能力承担的独立机构分担部分风险，如与资金雄厚的独立机构签订保险合同，向政府部门争取支持等。

第三章　展会项目生命力分析

一、展会效应分析

(一)市场效应（略）

(二)经济效应（略）

(三)品牌效应（略）

二、展会发展空间——市场潜力

(一)重装饰轻装修时代到来

目前一些消费者在居家装修中大动干戈、装修一次住一辈子的情况随着住宅“二级市场”的开放而有所变化，人们在5～10年内搬一次家的情况将会普遍出现，家庭居室重装饰轻装修的时代已经到来，家居用品市场潜力巨大。

(二)花小钱也能追逐新时尚

随着现代人对家庭居住环境舒适程度的要求日益提高，以及向时尚、品位、个性化方向转变，家庭装修也由以前的“终身制”演变成现在的3～5年就重新装修一次，更多的消费者在家居设计中善用一些装饰而不是一味地侧重装修，不仅能够精致节约，还能减少日后家居设计因样式过时要翻新而造成的损失。

(三)软装饰催熟品位家居用品市场

所谓软装饰，是指装修完毕之后，利用那些易更换、易变动位置的家居饰物对室内进行二度陈设与布置。软装饰更可以根据居室空间的大小、形状，主人的生活习惯、兴趣爱好和经济情况，从整体体现出主人的个性品位，而不会“千家”一面。需要改变时只用购买一些时尚个性的家居用品，就能呈现出不同的特色和风格，既舒适温馨，又给人带来高品位的生活新享受。

三、竞争力

(一)品牌竞争

创意家居用品的品牌化一直是国内家居饰品制造商的一个软肋。随着一些国际家居饰品品牌陆续进入国内家居市场，作为一种时尚的消费，家居饰品的市场竞争已经不再是价格上的竞争，而是上升到了品牌和设计上的竞争，模仿已经渐渐失去了市场。

(二)展会竞争

关于已举办的时尚创意家居用品展会信息如下。

展会信息一览表(略)

国内案例：20××中国(上海)国际时尚家居用品展览会(略)

国外案例：20××年美国拉斯维加斯国际家具展(略)

通过对以上所举两个案例的分析，可以看出国内外家居展会是在符合现实市场的消费需求下才得以成功举办的，家居行业广阔的发展前景给未来家居展会的举办带来了不可估量的利益和创新点。

第四章 展会执行方案分析

一、举办地分析

武汉作为华中地区的特大城市，产业基础牢固，科技实力雄厚，交通运输便利，交通、商贸历史悠久，文化底蕴深厚，具有发展会展业的良好前景。其具备的优势可概述为以下四点。

第一，武汉具有雄厚的产业基础。(具体分析略)

第二，武汉的交通优势。(具体分析略)

第三，武汉的科教优势。(具体分析略)

第四，武汉的会展优势。(具体分析略)

二、展会定位分析

(一)打造家具产业品牌

为促进湖北省小户型家具的改革创新以及环保家具的进一步推广和发展，增强全民的环保意识，在湖北省打造坚实的家具产业基地，并为顾客创造购买环保家具的良好环境，在我省家具制造行业具有广泛影响力的湖北省家具行业协会与具有较高知名度的武汉家具行业协会将倾力合作，为创建湖北地区环保创意家居知名品牌、打造家具行业品牌会展创造良好的条件。

(二)让绿色环保深入人心

20××年武汉创意家居展主办者将邀请国内参展商及家具生产行业专家就绿色环保家具的生产、市场推广等主题进行学术讨论。计划安排的主题涉及家居装饰的改革、绿色环保、空间节约等。会展为促进湖北省内及全国家具行业间的技术沟通和交流以及加强省内外的家具制造企业间的合作与创新提供了机会。

(三)提升办展质量

本次展会聘用有经验的专业办展机构举办，努力提高服务水平。我们会为各位参展人员提供专业、周到的服务，努力达到让每一位参展商满意的效果。

此次展会上展出的创意家居的核心主题是“创意、功能的组合、空间的合理利用”。

创意家居不像市面上的常规家居那样只具备一般的实用性，它还具备外观、功能等各方面的创意点和闪光点。

创意家居一般是用轻质的、环保的材料精心制作而成。有机材料用得较多，无毒无味，比较高档的创意家居还用到了很多高科技的新型材料。

创意家居强调功能的组合，同时具备多种功能，集观赏性和实用性为一体。

创意家居具备以上这些特点，因此为那些经济条件有限只能购买小户型房子的消费者提供了很大的方便，他们不用花费高价购买那些功能单一且占地面积较大的家居。小房子里有了这样的创意家居，可以随意挪动家具位置，可以不用担心身体健康受到威胁，可以合理利用小户型的空间让家不再显得那么拥挤，可以不用担心家居跟不上潮流趋势……

创意家居针对的主要消费群体是10～40岁阶段的城市人群。这个阶段的顾客朋友思想开放，好奇心强，对生活环境有较高的要求，追求时尚。

三、招展招商和宣传推广计划评估(略)

四、展会进度计划评估（略）

五、现场管理和相关活动计划评估（略）

第五章　展会财务分析

一、价格定位(略)

二、成本预测(略)

三、盈亏平衡分析(略)

四、资金筹措(略)

第六章　风险分析

一、市场风险（略）

二、资金风险（略）

三、合作风险（略）

第七章　结论与建议

鉴于以上对举办创意家居展会各方面的背景分析，可以得出的结论是：家具市场发展前景远大，在经济水平不断提高的背景之下，人们对创意家居的需求空间将会在强大的消费拉动下变得非常广阔。随着时代的进步，人们的思想也会变得越来越开放，精神需求领域上体现得更多的是对生活的高层次追求——爱家，爱生活，爱享受。综上所述，20××年举办创意家居展会是可行的!

附件：(略)

点评：限于篇幅，该报告未能完全展示。可行性研究报告只有做到内容详尽、材料翔实、数据充分、分析透彻，得出的结论方能令人信服。

■行动

根据本校实际情况，撰写校园毕业展的可行性研究报告。

■反思

传统可行性研究需要对企业所处宏观环境、战略资源等作出分析，但受制于经费、人力等因素，如何才能让可行性研究更为完整客观，需要借力当前大数据平台。

项目二　会展策划文案

>> 任务一　展会策划方案撰写 <<

■知识学习目标

1. 了解展会立项策划的内涵。
2. 掌握展会立项策划书的内容。
3. 掌握展会计划的结构及撰写要求。

■技能素养目标

1. 能撰写展会立项策划书。
2. 能撰写展会计划。
3. 遵循团结友善公民道德规范。

■问题

小王和同事撰写的“国际教育游学展”的可行性研究报告获得公司领导的一致好评，小王又被委以重任，撰写一份该展会的立项策划书。

请思考：小王要怎么撰写新展会的立项策划书，并制订展会计划?

■认知

一、展会立项策划的概念

所谓展会立项策划，就是根据掌握的各种信息，对即将举办的展览会的有关事宜进行初步规划，设计出展览会的基本框架，提出计划举办的展览会的初步规划内容，包括展会名称和地点、办展机构、展品范围、办展时间、展会规模、展会定位、招展计划、宣传推广和招商计划、展会进度计划、现场管理计划、相关活动计划等。

展会立项策划是展会主办机构为开发一个新的展会项目，通过收集相关信息，对即将举办的展会项目的有关事宜进行初步规划，制订合适的发展目标，确定相应的营销策略，形成展会基本框架的过程。

展会立项策划主要考虑以下信息内容。

表 2-1-1　展会立项策划信息内容

信　息	内　　容
产业信息	产业链、产业生命周期、产业规模、产业分布状况、厂商数量、产品销售方式、技术含量
市场信息	市场规模、市场竞争态势、经销商数量和分布状况、行业协会状况、市场发展趋势、相关产业状况
主办城市的环境状况	展览业的发展、产业特色、会展基础设施、自然条件、国际化程度
相关法律法规	产业政策、产业发展规划、海关有关规定、市场准入规定、知识产权的保护、其他规定
相关展会的信息	同类展会的数量和分布情况；同类展会之间的竞争态势；重点展会的基本情况，包括组展机构、办展时间、办展频率、办展地点、展会规模、参展企业数量及分布、观众数量和来源、展品范围、展会定位等

二、展会立项策划书的写法

(一)内容结构

展会立项策划书是将展会策划用书面形式完整、有效地表达出来，反映行业调研、项目策划意图及成果的文书。主要内容结构包括以下部分。

1. 办展市场环境分析

办展市场环境分析包括对展览题材所在产业和市场的情况分析，对国家有关法律、政策的分析，对相关展会的情况的分析，对展会举办地市场的分析等。

2. 展会的基本框架

展会的基本框架包括展会的名称和地点、办展机构的组成、办展时间、展品范围、办展频率、展会规模和展会定位等。

(1)展会名称

基本部分＋限定部分＋行业标识。

①基本部分：说明展会的性质和特征，如展览会、博览会、节、展销会等。

②限定部分：说明展会举办的时间和地点。展会举办时间的表示办法有三种：一是用“届”来表示，如“第六届大连国际服装节”。二是用“年”来表示，适合刚起步的展会，如“2014 年广州博览会”。三是用“季”来表示，如“法兰克福秋季消费品展览会”。用“届”最为常见，它强调展会举办的连续性。

③行业标识：说明展会的题材和展品范围，通常是一个产业的名称或产业中的某个产品大类。如“第五届成都国际服装节”，“服装”表示此展会围绕服装产业举办。

(2)展会地点

展会最好选择在展览题材所在产业的生产或者销售比较集中的地方举办，或者在其临近地区交通比较便利的城市举办。

展览项目涉及的产业相对集中、市场需求大的地方宜作为展览的举办地，主要原因在于有一定的市场需求。一是该产业的许多下游企业和其他行业对该产业的产品有着强大的采购需求，即应用市场需求；二是产业相对集中，行业本身对生产设备、原材料等有很大的市场需求。

国际性展会一般在对外交通和海关通关比较便利的地方举办，全国性展会应在国内比较重要的经济或者交通中心举办。在具体选择地点时，需综合考虑使用成本的高低、展期安排是否符合自己的要求以及展馆本身的设施和服务如何等因素。

(3)办展机构

办展机构是指负责展会的组织、策划、招展和招商等事宜的有关单位。办展机构可以是企业、行业协会、政府部门和新闻媒体等。根据各单位在举办展会中的不同作用，一个展会的办展机构一般有以下几种：主办单位、承办单位、协办单位、支持单位、合作单位等。

①主办单位：有三种形式。一是拥有展会并对展会承担主要法律责任，负责展会的实际策划、组织、操作和管理；二是拥有展会并对展会承担主要法律责任，但不参与展会的实际策划、组织、操作与管理；三是名义主办单位，既不参与展会的实际策划、组织操作与管理，也不对展会承担法律责任。展会的主办单位很多是政府主管部门或带有官方性质的行业协会。

②承办单位：直接负责展会的策划、组织、操作与管理，并对展会承担主要财务责任的办展单位。大部分承办单位要负责展会的招展、招商和宣传推广工作。承办单位一般是一家或几家专业展览公司，主要负责布展、展览施工、安全保卫及会务事宜。

③协办单位：协助主办或承办单位负责展会的策划、组织、操作与管理，部分承担展会的招展、招商和宣传推广工作，一般不承担财务责任。

④支持单位：对展会主办或承办单位所负责的展会策划、组织、操作与管理，或者是招展、招商和宣传推广等工作起支持作用的办展单位。有影响力的支持单位可以提升展会的档次，增强展会的影响力和行业号召力，吸引媒体和大众的广泛关注，有利于开展宣传，吸引目标企业参展和目标观众参观；可以在较短的时期内打造出品牌展览。

⑤合作单位：选择合适的合作单位作为展览会的招展组团代理，能够提高展会的影响力，加快展会信息的有效快速传递，有利于建立一个分布范围广的营销网络，从而可以最大限度地发掘参展商，壮大会展队伍，最大限度地降低招展成本，这是招展成功的重要环节。通常，当地行业权威机构(如行业协会、组展单位的分支机构)、专业展览公司都可作为候选的合作单位。

(4)办展时间

办展时间一是指展会的具体开展日期，二是指展会的筹展和撤展日期，三是指展会对观众开放的日期。对于占展会绝大多数的专业贸易展来说，展期一般以3～5天为宜。

重要时间节点：开幕日、闭幕日、主要活动日期、参展报名截止时间、组团报名截止时间、代办签证截止时间、展位搭建进场时间、撤展期限。

(5)展品范围

根据展会的定位，展品范围可以包括一个或者是几个产业，也可以是一个产业中的一个或几个产品大类。

(6)办展频率

办展频率是指展会是一年举办几次还是几年举办一次，或者是不定期举办。从目前展览业的实际情况看，一年举办一次的展会最多，约占全部展会数量的80%。办展频率的确定受展览题材所在产业的特征的制约。产品的投入期和成长期是办展的黄金时期。

(7)展会规模

展会规模涉及三个方面：一是展会的展览面积是多少，二是参展单位的数量是多少，三是参观展会的观众有多少。规划展会规模时，要充分考虑产业的特性。展会规模会受到参展观众数量和质量的限制。

(8)展会定位

展会定位就是办展机构根据自身的资源条件和市场竞争状况，通过建立和发展展会的差异化竞争优势，使自己举办的展会在参展企业和观众的心目中形成一个鲜明而独特的印象。简言之，即向参展企业和观众传递本展会“是什么”和“有什么”。

展会定位具有目标性(长期目标和短期目标)、前瞻性(展览题材的发展趋势)、可行性(符合客观实际)和相对稳定性(与市场发展要求吻合)特征，要明确展会目标参展商、目标观众、办展目标和主题等，避免定位模糊、定位疑惑、定位僵化。

(9)展会价格及初步预算方案

展会价格主要包括展位出租、门票及广告宣传推广方面的价格。

展会价格的制定方法有成本导向定价法、需求导向定价法以及竞争导向定价法。制定展会价格时，一般遵循“优地优价”原则，便于展示和观众流量大的展位价格往往高一些。

展会初步预算是对举办展会所需要的各种费用和预期获得的收入进行初步预算。策展时，要根据市场情况给展会确定一个合适的价格，这样才能吸引目标参展商参展。

(10)展会工作人员分工计划

展会工作人员分工计划主要是对展会工作人员的工作进行统筹安排。

(11)展会招展计划

展会招展计划主要是为招揽企业参展而制定的各种策略、措施和办法。

(12)展会招商计划

展会招商计划主要是为招揽观众参观展会而制订的各种策略、措施和办法。

(13)展会宣传推广计划

展会宣传推广计划主要是为建立展会品牌和树立展会形象以及招展招商服务。

(14)展会筹备进度计划

展会筹备进度计划是在时间上对展会的招展、招商、宣传推广和展位划分等工作进行计划。

(15)统筹安排

统筹安排主要是明确在展会的筹办过程中，到什么阶段应该完成哪些工作，直到展会成功举办。

(16)展会开幕和现场管理计划

现场管理计划就是在展会开幕后对展会现场进行有效管理的各种计划安排，一般包括展会开幕计划、展会现场管理计划、观众登记计划和撤展计划等。现场管理计划安排得好，展会现场方能井然有序。

(17)展会期间举办的相关活动计划

这里指的是对准备在展会期间举办的各种相关活动的计划安排。常见的有论坛、商洽会、技术交流会、研讨会和各种表演等，它们是展会的一部分。

(18)展会服务商安排计划

展会服务商安排计划包括搭建、运输、住宿、餐饮、旅游等服务商的选择。

(二)撰写要求

撰写要求主要体现在三个方面：一是目的明确，中心突出。展会立项策划书必须明确目标，围绕中心，体现策划意图。二是科学预见，合理规划。展会立项策划书不仅要科学地预见策划方案实施的正面结果，而且要能对预测到的风险与问题提出相应的对策。三是掌握方法，实事求是。展会立项策划书涉及市场营销、企业管理等学科知识，要掌握其要领，实事求是地反映问题。

三、展会计划的概念

展会计划是预先对展会工作作出打算和安排的文书。展会计划是一个笼统的概念，纲要、规划、方案、设想、意见、安排及工作要点等都属此类文书。

展会计划要根据展会主题，对展会筹备、运行等工作进行统筹安排，需确定各项工作完成的目标，制订目标进度、预算、人员分工等。

展会计划的特点：一是具有明确的目标，即在一定时间内要完成什么任务，达到什么目的；二是具有很强的预见性；三是措施具有可行性；四是具有一定的约束力，不能随便更改。

展会计划的种类很多，如按内容划分，可分为综合展会计划和专项展会计划；

按性质划分，可分为展览计划、展销计划等；按范围划分，可分为国家展会计划、地区展会计划、部门展会计划、单位展会计划等；按期限划分，可分为长远展会计划、年度展会计划、季度展会计划、月度展会计划等。

四、展会计划的写法

(一)结构

标题＋正文＋落款。

(二)条目

1. 标题

完整式：展会计划单位＋计划时限＋计划事由＋文种，如“××公司××××年参展计划”。

省略式：事由＋文种，如“观展计划”。

2. 正文

背景与依据：制订计划的指导思想和主要依据，回答“为何做”。

目标与任务：写明该项计划的目标任务，在数量和质量上作出精确要求，回答“做什么”。

措施与步骤：写明实现目标任务的措施与步骤，部署具体的时间安排、人员安排、资金安排等，回答“怎么做”。

3. 落款

落款写制订计划的单位及成文日期。

(三)要求

1. 目的性

展会计划围绕特定任务展开，目标需明确，要求要具体。

2. 预见性

展会计划是对各项工作作出的事先安排，需对基础条件、目标高低、措施力度等加以评估以防范风险。

3. 可行性

展会计划中涉及的措施步骤要因地制宜、因人制宜，实事求是，保障目标任务顺利完成。切忌盲目、无根据地制订计划。

(四)制订计划的常用工具

在制订项目计划时，要掌握以下几种常用工具(表 2-1-2)。

表 2-1-2　制订项目计划常用工具

常用工具	简　　介
工作分解结构(WBS，Work Breakdown Structure)	项目工作分解结构是项目管理中最具有价值的工具，是制订项目进度计划、项目成本计划等多个计划的基础。它是界定项目活动所依据的最基本和最主要的信息，是对项目团队在项目实施期间要完成的工作或要开展的活动的一种层次性、树型的项目活动描述
责任矩阵	责任矩阵是用表格形式表示完成工作分解结构中工作细目的个人责任的方法。它强调每一项工作细目由谁负责，并表明每个人在整个项目中的角色和地位
甘特图(Gantt)	甘特图又称横道图，是应用广泛的进度表达方式。通常在左侧垂直向下依次排列工作任务的各项工作名称，而在右边与之紧邻的时间进度表中对应各项工作逐项绘制道线，从而使每项工作的起止时间均可由横道线的两个端点表示
里程碑(Milestone)	里程碑是项目中的重大事件，通常指一个主要可交付成果的完成。它是项目进程中的一些重要标记，是在计划阶段应该重点考虑的关键点。里程碑既不占用时间也不占用资源
节点法(PDM，Precedence Diagramming Method)	节点法又称顺序图法或单代号网络图法(AON)，它用单个节点(方框)表示一项活动，用节点之间的箭线表示项目活动之间的相互依赖关系
箭线图法(ADM，Arrow Diagramming Method)	箭线图法又称双代号网络图法(AOA)，它是一种用箭线表示工作、节点表示工作相互关系的网络图方法
日程表	日程表是活动的日程或时间表。在计划的初期阶段，日程表的内容极为简单，时间分配只局限于活动的具体构成因素。随着计划的推进，日程表变得更为详细，如准确的舞蹈演员、表演模特、技术人员或其他员工的工作时间安排等。最后制定更为详细的日程表来确定每个人的任务和责任

■案例

案例 1

20××中国(北京)国际教育产业博览会立项策划书

一、展会背景

教育，民生之基，强国之本。随着国家“十二五”规划加大对教育行业规范发展的重视，教育除制度化以外在产业化、标准化、规范化等方面得到了全面发展。而教育成就的取得，离不开科技的发展，离不开教育装备的发展。孔子说：“工欲善其事，必先利其器。”礼、乐、射、御、书、数的开展都要靠装备的支撑。邓小平说：“必要的教学器材不能减少。经费使用不宜过紧。我们节约经费有个原则，不能因为节约经费而影响教学质量。”①教育装备服务于教育，支撑着教育，引领着教育，促进着教育，变革着教育。中国教育学会秉承“国运兴衰，系于教育；教育振

① 《邓小平文选》第 1 卷，281 页，北京，人民出版社，1994。

兴，全民有责”的精神，从教育的基础——教育装备出发，拟于20××年×月××—××日(待定)在北京中国国际展览中心举办“中国国际教育产业博览会”。此次博览会开创我国教育产业展先河，为打造绿色、安全、智慧校园提供支持，形成各领域无障碍交流和一站式教育产品采购平台，从而为从事教育产业发展的学校、企业等单位提供安全、有保障的设施装备，推动实施品牌战略，提高行业知名度和市场占有率，为教育事业，特别是贫困地区教育事业贡献力量。

二、基本情况

(一)展会名称：20××中国(北京)国际教育产业博览会

(二)展会主题：科技教育 装备为先

(三)时间地点：20××年×月××—××日(待定)，北京中国国际展览中心

(四)组织机构及各单位主要工作职责

1. 主办单位

中国教育学会是中国成立最早、规模最大、最具权威性的全国性教育学术团体，为教育部直属单位，多年来一直全面贯彻国家的教育方针，尊重教育规律，团结和组织全国有志于从事教育科学研究的教育工作者，开展学术活动，研究教育的理论和实际问题，为促进教育的改革和发展、繁荣社会主义教育科学、建立具有中国特色的社会主义教育体系和实现社会主义现代化做出卓越贡献。主要工作职责：审核办展申请材料，办理本次博览会内部相关立项批准手续；办理协办单位、承办单位、支持单位的相关批准邀请手续；监督博览会的运作过程，以保证本次博览会各项活动在国家有关法律法规的框架下有序实施；利用自身渠道和资源优势，协助本次博览会的招商工作；支持、出席承办单位组织的本次博览会新闻发布会及展会期间的各项论坛；对协办单位、承办单位、支持单位、参展企业进行专业指导。

2. 协办单位

中国智慧工程研究会、中国企业信用评价管理中心。主要工作职责：利用自身渠道和资源优势，协助本次博览会的招商工作；支持、出席承办单位组织的本次博览会新闻发布会及展会期间的各项论坛；对参展企业进行专业指导。

3. 承办单位

(1)北京×××有限公司。主要工作职责：负责本次博览会的整体运营及收支，展览场地的租赁；负责本次博览会的推广与参展商招募，专业观众的邀请，以及其出席时间、活动的确认工作，协助其办理相关手续；进行展位分配，负责组织策划本次博览会期间的各项活动、论坛；负责展品报批与运输；定期向各方通报本次博览会的运作进展情况，负责本次博览会前后协调及一切后勤保障工作，保证本次博览会顺利举办。

(2)北京××展览有限公司。主要工作职责：处理展台设计，协调展台搭建，展位布置与维护；本次博览会期间展馆的现场管理与观众疏导；负责本次博览会的

安保与消防工作；定期向各方通报本次博览会运作进展情况。

4. 特别支持

(1)《中国教育报》《人民日报》的“平安校园”栏目。主要工作职责：协助承办方做好本次博览会的宣传推广工作。

(2)中国关心下一代教育基金会。主要工作职责：设立专项募集基金，用于西部留守儿童教育和支边援疆援藏教育，接收参展企业所捐物资和款项；本次博览会结束后，组织相关企业家参加现场捐赠仪式。

(五)展会对象

1. 展品对象

幼教、升学、留学、职业、技能等优秀教育研发、咨询、加盟机构；儿童早教体验馆及体验馆服务类相关企业；各类运动体验馆；以体验的方式来关注贫困教育，同时设有爱心捐赠处、爱心书屋，收集捐献来的各类书籍、刊物等集中赠予边远贫困地区学校及教育机构的特殊体验馆；教育教学数字化、信息化；数字教室、数字印刷；教学与校园视听广播网络系统；网络教育系统；幼教产品；各级各类教育所需的教学仪器设备、教具、教学软件、实验设备系统；技术通用设备与软件、在线教育、录播系统、云教育、物联网、智能整体解决方案；STEM、3D打印设备、教育机器人、教育VR/AR、三模、创客；启蒙教育、数字图书馆资源等；学校家具、标本、模型等，绿色校园、幼儿园装修设施；校园安全设施设备；户外运动及休闲用品、运动场馆设施、体育器材、声光电设备等。

2. 观众对象

各地教育装备中心、各地区教育主管部门、各级学校、各类教育机构、企业培训部门的负责人及相关人员；幼儿家庭，各类学生及学生家庭；有意进军教育行业的投资商等。

(六)展会规模

本次展会的展览面积约为40000 m^2，共5个展馆，其中每个展馆7000～8000 m^2；参展单位的数量约500～800家；参观展会的观众约10万人次。

附件1：北京×××有限公司简介及业绩(略)

附件2：北京××展览有限公司简介及业绩(略)

点评：该立项策划书目的明确、中心突出、结构完整，根据背景分析可看出，项目进行了良好的市场调研。

案例2

20××年广州高尔夫球博览会立项策划书

一、会展市场环境

市场调研结果显示，中国是目前世界上最具有潜力的高尔夫产业市场。因此主办方有信心利用多年积累的庞大国际客户资源以及行业经验，将中国高尔夫球博览会打造成为亚洲乃至全世界极具影响力的产业峰会；同时也将在中国南方打造一个全新的亚洲国际高尔夫球博览会。据悉，未来的中国高尔夫球博览会将加大培训力度，聘请海内外专家分享先进技术及先进管理经验，并加大对高质量买家的邀请，使中国高尔夫球博览会成为真正意义上的集信息交流、新技术新产品展示、教育培训、商业联络为一体的高尔夫产业促进平台。

二、政策支持

广州市经贸委主办了首次全市性会展业工作会议，提出未来5～10年，广州将力争会展业主要指标位居亚洲前列，使会展业成为广州市现代服务业的支柱产业之一。随后，广州市政府出台《关于加快会展业发展的若干意见》，从多方面促进会展业发展。紧接着，广州市经贸委下发了《关于组织申报广州市会展业发展专项资金项目的通知》，要求各部门做好会展补贴的申报工作。这表明历时近一年、备受关注的广州市会展补贴政策终于出台。广州市政府《关于加快经济发展方式转变的实施意见》明确将会展中心列入广州的六大服务区之一。由此可见广州市对于会展产业的高度重视和大力扶持。

三、展会基本框架

名称：20××年广州国际高尔夫球博览会。

举办时间：20××年×月××日至20××年×月××日。

主办单位：中国高尔夫球协会、北京××展览有限公司。

承办单位：北京××展览有限公司。

举办地点：广州锦汉展览中心。

展会规模：展览面积约18200 m^2，预计展商200个，参观人士超过2000人。

展会定位：目标参展商是涉及高尔夫球产业方面的设计企业、制造企业，以及高尔夫球俱乐部。目标观众是高尔夫球爱好者和普通大众。

办展目标：加强展会的国际知名度，使其成为参展商开拓市场、提升品牌形象的重要途径。

办展频率：每年一次。

展区设置：球场、练习场设施设备及建设用品展区；高尔夫个人用品消费品及OEM生产展区；高尔夫设计建造行业/服务及媒体区；高尔夫球具特卖区。

会展价格：光地展位A区、B区1100元/m^2，36 m^2起租。注：展位双面开口加收10%，三面开口加收20%。C区1000元/m^2，F区220元/m^2。

标准展位A区、B区1250元/m^2，规格：3 m×3 m。注：①标准展位包括展位租金、三面围板、展位号和公司楣板字、地毯、一张问讯台、两把折椅、一个500W/220V的电源插座、两支灯。②展位双面开口加收10%，三面开口加收20%。

会展地点的选择：广州锦汉展览中心位于广州市商业中心地带，西侧紧邻中国出口商品交易会流花馆，南面是两家五星级酒店——××大酒店和××宾馆。中心直通广州地铁2号线，乘坐地铁可以快速到达市区及周边各地。中心与周边酒店、休闲设施及便利的交通构成一个成熟的商务会展区域，是高质量、专业型、公共性和消费型展览会的理想举办场所。自20××年10月正式投入使用以来，中心业务取得快速增长，每年举办约40场展览会，正在不断吸引更多的知名展览会在此举办。

四、人员分工计划

1. 安保工作。聘请有安保经验的人员到现场维持秩序、验收门票。

2. 清洁人员。可以委托当地的清洁公司负责场馆每天展后的清洁，保证第二天展会尽可能整洁干净。

3. 翻译人员。聘请2～3名翻译人员到展台前负责必要的翻译工作。

4. 柜台人员。主要负责为参展商办理参展手续。

5. 指引人员。主要负责在馆外给观众指引到展馆的道路。

6. 后勤人员。主要负责展物的搬运、展会期间一些琐碎的事务，以及表演活动所需的物资的准备。

五、招展招商计划(略)

六、宣传计划

1. 通过大型户外广告牌进行宣传。

2. 通过电视、报纸、杂志、广播、网络及其他大众传媒进行全面的宣传推广。

3. 通过智能交通、安防、消防、网络等行业专业媒体进行全面的宣传推广。

4. 在国内外具有规模和影响力的同类和相关专业展览会进行宣传推广；通过与国外对口专业组织合作，进行国际采购招商与推介。

5. 出版博览会电子期刊，专题介绍博览会最新动态、论坛及评选活动组织情况、推介交流会等有关活动的情况。

6. 建设博览会官方网站，除与业内知名网站、展商网站进行链接外，还将与各大门户网站合作，将博览会相关活动及参展企业信息在网上进行宣传推广。

7. 通过积累的行业资源及广大客户网络，进行精准的宣传推广。

(下略)

点评：受篇幅所限，该策划书的完整结构没有列出。该策划书是在良好的市场调研基础上撰写的，方案结构完整，中心明确，符合撰写要求。但在各类计划的制订上比较粗糙，不够精细，仍有优化的空间。

■行动

1. 根据对社会及市场的观察，结合自身特点，撰写有一定实际价值的创业策划书，将理论付诸实践，将智慧转化为财富，将策划转化为现实。

以下是一份创业计划书的模板，供读者参考。

目　录

第一部分　策划书摘要

说明：策划书摘要应该尽量控制在两页纸内完成，涵盖该策划书的所有要点，浓缩所有精华，并要求简洁、可信、一目了然。

第二部分　产品/服务

1. 产品/服务描述。这里主要介绍拟投资的产品/服务的背景，目前所处发展阶段，与同行业其他企业同类产品/服务的比较，本企业产品/服务的新颖性、先进性和独特性，如拥有的专门技术、版权、配方、品牌、销售网络、许可证、专营权、特许权经营等。

2. 企业现有的和正在申请的知识产权(专利、商标、版权等)。

3. 专利申请情况。

4. 产品商标注册情况。

5. 企业是否已签署了有关专利权及其他知识产权转让或授权许可的协议，如果有，请说明(并附主要条款)。

6. 目标市场。这里对产品面向的用户种类要进行详细说明。

7. 产品更新换代周期。更新换代周期的确定要有资料来源。

8. 产品标准。详细列明产品执行的标准。

9. 详细描述本企业产品/服务的竞争优势。包括性能、价格、服务等方面。

10. 产品的售后服务网络和用户技术支持。

第三部分　行业及市场情况

1. 行业情况。包括行业发展历史及趋势，哪些行业的变化对产品利润、利润率影响较大，进入该行业的技术壁垒、贸易壁垒、政策限制等，行业市场前景分析与预测。

(1)列表说明过去3年或5年各年全行业销售总额(必须注明资料来源)。

(2)列表说明未来3年或5年各年全行业销售收入预测(必须注明资料来源)。

2. 目标市场情况。

(1)图表说明目标市场容量的发展趋势。

(2)本企业与目标市场内5个主要竞争对手的比较：描述在主要销售市场中的竞争对手。(可以列表说明)

	市场份额	竞争优势	竞争劣势
竞争对手1			
竞争对手2			
竞争对手3			
竞争对手4			
竞争对手5			
本企业			

(3)市场销售有无行业管制，企业产品进入市场的难度分析。

第四部分 组织与管理

1. 企业基本情况。

拟定的企业名称：

预期成立时间：

预期注册资本：

其中：

现金出资额及占股份的比例：

无形资产出资额及占股份的比例：

预期注册地点：

2. 企业主要股东情况。列表说明股东的名称及其出资情况。

股东名称	出资额	股份比例	出资形式	联系人	联系电话
甲方					
乙方					
丙方					
丁方					

3. 企业内部部门设置情况。以图形来表示本企业的组织结构，并说明每个部门的责、权、利，部门与部门之间的关系等。

4. 企业员工的招聘与培训。

5. 董事会成员名单。

序号	职　务	姓　名	学历或职称	联系电话
1	董事长			
2	副董事长			
3	董　事			
4	董　事			
5	董　事			

(1)董事长

姓名：　　性别：　　年龄：　　籍贯：　　联系电话：

学历：　　学位：　　所学专业：　　职称：

毕业院校：　　户籍所在地：

主要经历和业绩：着重描述在本行业内的技术和管理经验及成功事例。

主要职责：

(2)总经理

姓名：　　性别：　　年龄：　　籍贯：　　联系电话：

学历：　　学位：　　所学专业：　　职称：

毕业院校：　　户籍所在地：

主要经历和业绩：着重描述在本行业内的技术和管理经验及成功事例。

主要职责：

(3)技术开发负责人

姓名：　　性别：　　年龄：　　籍贯：　　联系电话：

学历：　　学位：　　所学专业：　　职称：

毕业院校：　　户籍所在地：

主要经历和业绩：着重描述在本行业内的技术水平、经验和成功事例。

主要职责：

(4)市场营销负责人

姓名：　　性别：　　年龄：　　籍贯：　　联系电话：

学历：　　学位：　　所学专业：　　职称：

毕业院校：　　户籍所在地：

主要经历和业绩：着重描述在本行业内的营销经验和成功事例。

主要职责：

(5)财务负责人

姓名：　　性别：　　年龄：　　籍贯：　　联系电话：

学历：　　学位：　　所学专业：　　职称：

毕业院校：　　户籍所在地：

主要经历和业绩：着重描述在财务、金融、筹资、投资等方面的背景、经验和业绩。

主要职责：

(6)其他对企业发展负有重要责任的人员(可增加附页)

第五部分　营销策略

1. 产品销售成本的构成及销售价格制订的依据。如果产品已经在市场上形成了竞争优势，请说明与哪些因素有关，如成本相同但销售价格低、成本低形成销售优势，以及产品性能、品牌、销售渠道优于竞争对手产品，等等。

2. 建立销售网络、销售渠道，设立代理商、分销商方面的策略与实施。

3. 广告促销方面的策略与实施。

4. 产品销售价格方面的策略与实施。

5. 建立良好销售队伍方面的策略与实施。

6. 产品售后服务方面的策略与实施。

7. 其他方面的策略与实施。

8. 对销售队伍采取什么样的激励机制。

第六部分　产品制造

(如果是非制造业，则不需要产品制造，可以制订相应的经营计划)

1. 描述产品的生产制造方式。

企业自建厂生产产品，还是委托生产或其他方式，并说明原因。

企业自建厂、购买厂房还是租用厂房，厂房面积是多少，生产面积是多少，厂房地点在哪里，交通、运输、通信是否方便。

现有生产设备情况，是专用设备还是通用设备，先进程度如何，价值是多少，是否投保，最大生产能力是多少，能否满足产品销售增长的要求。如果需要增加设备，请写出采购计划、采购周期及安装调试周期。

请说明，如果设备操作需要特殊技能的员工，如何解决这一问题。

2. 简述产品的生产制造过程、工艺流程。

如何保证主要原材料、元器件、配件以及关键零部件等生产必需品的进货渠道的稳定性、可靠性、质量及进货周期，列出3家主要供应商及其联系方式。

主要供应商1：

主要供应商2：

主要供应商3：

正常生产状态下，成品率、返修率、废品率控制在怎样的范围内；描述生产过程中产品的质量保证体系，以及关键质量检测设备。

3. 产品成本和生产成本如何控制，有怎样的具体措施。

4. 产品批量销售价格的制订，产品毛利润率是多少，纯利润率是多少。

第七部分　融资说明

1. 为保证项目实施，需要的资金是________万元，需投资方投入________万元，对外借贷________万元。如果有对外借贷，担保措施是________。

2. 说明投入资金的用途和使用计划。

3. 拟向外来投资方出让的权益及其计算依据。

4. 预计未来3年或5年平均每年的净资产收益率。

5. 外来投资方可享有的监督和管理权力。

6. 如果企业没有实现项目发展计划，企业与管理层向投资方承担的责任。

7. 外来投资方以何种方式收回投资，具体方式和执行时间。

8. 在与企业业务有关的税种和税率方面，企业享受政府提供的优惠政策及未来可能的情况(如市场准入、减免税等方面的优惠政策)。

9. 需要对外来投资方说明的其他情况。

第八部分　财务计划

1. 产品形成规模销售时，毛利润率为________%，纯利润率为________%。

2. 未来3～5年的项目盈亏平衡表、项目资产负债表、项目损益表、项目现金流量表、项目销售计划表、项目产品成本表。

注：每一项财务数据要有依据，要进行财务数据说明。

第九部分　风险评估与防范

详细说明该项目实施过程中可能遇到的风险及其控制、防范手段，包括可能的政策风险、技术开发风险、经营管理风险、市场开拓风险、生产风险、财务风险、汇率风险、投资风险、对企业关键人员依赖的风险等。每项都要单独叙述控制和防范手段。

第十部分　项目实施进度

详细列明项目实施计划和进度(注明起止时间)。

第十一部分　其他

为补充本项目计划书内容，需要进一步说明的有关问题，如企业或企业主要管理人员和关键人员过去、现在是否卷入法律诉讼及仲裁事件中，对企业有何影响等。

如有产品彩页、企业宣传介绍册、证书等，可作为附件附于此。

2. 结合校园媒体，制订校园毕业展的展会计划。

■反思

任何展会项目的策划都离不开传播理念、实现价值、创造意义。正是有了展会核心灵魂，展会举办地、举办方式才可以做到“飞叶摘花”，万变不离其宗。了解“在菜市场遇见经济学”展览，体会展会的精髓。

>> 任务二　会议策划方案撰写 <<

■知识学习目标

1. 了解会议策划方案的内容。
2. 掌握会议策划方案的结构及写作方法。

■技能素养目标

1. 掌握会议策划的重要性。
2. 能撰写会议策划方案。
3. 具有创意、策划思维，具备创新创业意识。

■问题

小王完成了“国际教育游学展”展会项目的立项，领导看后，觉得有必要在展会中策划一些特色和亮点活动，其中应该考虑围绕“教育游学”的发展趋势策划一个相关的会议活动，需要小王继续完善这一会议策划项目。

请思考：会议活动的策划应该怎么与展会项目相结合？会议策划方案应当如何撰写？

■认知

会议策划不是简单的 PPT 的堆砌，而是需要根据会议的目的，借助一定的科学方法和艺术，为会议构思、设计、制作策划方案，以达到最终的会议效果。好的会议策划，需要对具体的执行方案有深入的思考，具有可行性；在主题、运营等方面要有突破、有新意、有创意。

一、会议策划方案的内容

(一)会议主题策划

1. 明晰想法

会议有各种类型，不同的会议需要不同的主题，召开会议是要达到一定目的和目标的。因此第一个重要步骤是问清楚会议主办方的想法、目的、预算等方面的信息，通过收集这些信息，明晰主题，避免下一步的策划构思偏离方向。

2. 理清思路

从秘书到公司总裁，每个人都可能会参与会议的筹划，只不过有的人是专职从事这项工作，有的人是兼任此职。但无论参与者有多少，都要确定一个有经验的项目负责人，确认会议主旨，由此确定会议流程、时间推进节点、人员分工等。若思路不清晰、经验不足，往往从策划的一开始，就会在众多的意见、建议中迷失方向。建议选取 1～3 个关键词作为会议主题，向上司、会议主办人或会议主席描述，研讨围绕关键词如何实现会议目的。

（二）会议运营策划

1. 物料准备

现代化的会议离不开各种辅助器材，在召开会议之前，就应该把各种辅助器材准备妥当。常用的物料有：①桌椅、名牌（现代高档会议室用桌面智能终端取代传统名牌）、茶水；②签到簿、名册、会议议程单；③黑板、白板、笔；④各种视听器材；⑤资料、样品；⑥会标、背景板、展板。

2. 会议地址选择

会场的选择，直接关系到会议的风格、形式、规模、预算和档次，这也是随后进一步策划方案的基础。选择一个能让会议组织者和与会者都满意的会议场所非常重要，面对众多的场所，到底怎样去选择呢？

（1）列出可供选择的清单

必须制作一个会议场所清单，清单上要注明会议要求的所有重要条件，便于各个场所的比较和选择。在这方面可以参考会场搜索系统，通过数据信息收集、处理、配对，提高决策效率。

（2）根据清单综合考虑会议类型与场所的搭配

比如，研究和开发会议需要有利于思考、讨论的环境；重大的奖励、表彰型会议要庄严、隆重，有一定的档次；交易会和新产品展示会，需要选择有足够展示空间的场所，会场交通必须便利；等等。

（3）实地考察

实地考察场地非常重要，要做好充分的准备，约见会议方及场地方都能做决策的人，这样有利于以后解决可能出现的问题。要对会议中的重要流程和环节心中有数，在考察场地的时候，能预测的问题越多，执行中出现风险的概率就越低。

3. 会议运营策划

关键是拟出"工作时间进程表""任务分工表""物品清单""成本分析表"等重要的执行文件。

4. 会议成本预算

通常而言，会议预算包括以下几个方面的内容。

（1）交通费用

交通费用可以细分为出发地至会务地的交通费用、会议期间交通费用、接送交通及返程交通费用。

（2）会议室/厅费用

会议室/厅费用具体可细分为会议场地租金、会议设施租赁费用、会场布置费用、其他支持费用。

（3）住宿费用

预算住宿费用时要细分不同参与者，住宿标准随之调整。

(4)餐饮费用

会议的餐饮费用可以很简单，也可以很复杂，这取决于会议议程需要及会议目的。主要有餐费、酒水及服务费，以及会场茶歇、联谊酒会/舞会费用等。

(5)视听设备费用

除非在室外进行，否则视听设备的费用通常可以忽略不计。如果不得不在室外进行，视听设备费用的预算就比较复杂，包括设备本身的租赁费用，设备的运输、安装调试费用及技术人员支持费用。

(6)杂费

杂费指会展过程中的一些临时性安排产生的费用，包括打印、临时运输及装卸、纪念品、模特与礼仪服务、临时道具、传真及其他通信、快递服务、临时保健、翻译与向导、临时商务用车、汇兑等费用。杂费的预算很难计划，通常可以在会务费用预算中增列不可预见费用一项，进行机动处理。

5. 邀请策划

不管是什么样的会议或者展览，主办者当然都希望有适宜的对象(客户)参加。作为主办者，邀请的方式非常重要。通常情况下，邀请包括信息发布、回执处理、确认通知三个程序。

(1)信息发布

依据信息发布的媒体划分，有印刷品(包括邀请信函、组织文件、会议通知)、电子邮件、印刷媒介公告、电子媒介公告等几种形式。通常信息发布的内容包括主题、时间、地点(暂定或者候选)、主要议程及安排、费用及标准等，有些还附送会议企划书，可以让参与者了解参加的意义及对会议的期望。

(2)回执处理

对于主办者来说，回执是评价会议企划活动的标准之一。收到回执后，通常需要统计信息(回执单应当包括如下信息：明确的人数、职务、性别、联系方式、预计到达目的地时间、迎送要求等)，并确认回执的有效性(通常以交纳会务费用为标志)。接下来需要做的就是资源分配，主要是展位与酒店住宿的安排。回执确认，即确认通知，可以在这一切完成后发出。

回执可以有多种形式：传真、信函、电子邮件或者电话均可。需要注意的是，如果允许，应该考虑到参与者的特殊要求，譬如携带家属、随行人员的要求，年老或有疾病的参会者的保健要求，饮食、住宿方面的特殊要求等。如果回执清楚，那么对会议的有序安排会起到很大的帮助作用。

(3)确认通知

如果收到会务费用(或者有其他方式可以确认是否参会)，就可以向参会者发出确认通知。同时发出的应该还有会议的确切地点、时间、议程、签到程序及注意事项等。

6. 签到与入住安排

如果是小型商务会议，签到相对简单，仅仅是名录登记。但如果是大型会议，那么签到就是一项复杂的工作。需要信息技术辅助，确保每位参会者都拥有舒适便捷的参会体验。

7. 新闻发布会议策划

新闻发布会议的形式包括记者招待会、新闻发布会、酒会等。一般来说，酒会非正式一些，更自由、更随意，气氛也相对轻松一些。酒会可以单独召开，也可以附属于其他形式，比如，有的大型会议在记者招待会后举行酒会或茶会。记者招待会一般是专题性的，以“答记者问”为主。另外，新闻发布会由公关负责人执行即可，而记者招待会一般有更高层次的领导出席。在这些形式中，最为常见的是新闻发布会。

8. 其他项目

其他项目包括秘书、翻译、车辆调度、健康保障、礼仪与迎送等相关服务。

二、会议策划方案的写法

会议策划方案需将上述策划内容用条目表述清晰。

（一）结构

标题＋前言＋正文＋附件。

（二）条目

1. 标题

会议主题名称＋“策划方案”，如“融入新格局、把握新趋势、赋能新未来 后疫情时代国际会展业发展峰会策划方案”。

2. 前言

前言写会议的目的、意义，主办方、协办方、赞助方，以及时间、地点等。

3. 正文

正文写会议策划具体内容，包括会议主题策划和会议运营策划两部分。

4. 附件

附件包括回执、报到指南等。

（三）要求

1. 主题新颖

会议主题策划需顺应时代趋势、对接行业需求，要对赞助方或目标受众有吸引力。

2. 具体详细

会议内容介绍需具体详细，方便赞助方或目标受众了解会议全貌，由此促成赞助方赞助或目标受众参会。

■案例

××商城推广促销活动会议策划方案

前言(略)

一、会议主题

××商城推广促销活动

二、会议目的

1. 通过展示和推介××××公司所进军的××商城网络平台项目，对该平台的主要功能、下单及配送流程、未来发展前景，以及能给来宾带来的实实在在的好处进行总结，使来宾对××商城的发展前景有所了解，增强与平台合作的信心与动力。

2. 通过宣布初次合作的优惠政策与后续合作的优惠方案，提高来宾与平台合作的积极性，并帮助来宾了解和掌握××商城平台的基本操作流程。

三、会议时间

××××年××月××日

四、会议地点

××酒店

五、会议的组织

主办单位：××××公司新媒体推广部

承办单位：××酒店

支持单位：××××公司商品部、销售部

六、与会嘉宾

北京市区各还未与公司合作的酒店、学校食堂、超市、大排档等的负责人和采购经理。

北京市区已有过合作的各类客户。

七、参加人员

公司领导、销售部等成员。

八、会议内容

1. 到访人员签到，进行基本资料填写。

2. 主持人上台主持，使用PPT、照片投影等形式介绍公司的基本情况、现有产品以及发展历程，引出公司发展互联网业务、进行资源整合的必然性。请出公司领导进行具体分析。

2. 公司领导分析行业形势，提出平台的作用与未来的发展思路，平台所能带给客户的好处，以及对平台发展的信心。

3. 主持人介绍平台的基本功能及下单流程，宣布平台下半年及未来几年的规划，并宣布下半年合作销售政策(各种奖励政策)、当天合作的优惠等。念祝词，宣布酒会开始。

4. 由销售部专人负责对现场初步合作意向进行登记，并于会后对来宾进行联系洽谈等。

九、日期及议程

日期	内容	时间	议程	负责人	地点
			主持人串词，欢迎来宾	主持人	
			介绍公司情况，公司产品等	主持人	
			公司领导分析平台	领导	
			介绍平台功能，优惠政策	主持人	
			酒会开始祝酒等	领导	
			送客户	销售部	

十、会场安排

1. 场地：××酒店。

2. 席签：准备浅红色纸、黑色签字笔若干，请实到人员签上姓名和单位名称。

3. 投影仪、话筒等：投影仪、音响和话筒要逐一调试。

4. 空调及通风设备：开会前调好室内温度。保证室内温度适宜，空气清新。

5. 桌上摆放物品：所有会议桌上摆好茶水或矿泉水、记录用笔、笔记本、座位卡、姓名牌和会议资料宣传手册。

6. 指示牌：在必要处设置洗手间、安全出口指示牌。

7. 会场的装饰：宣传横幅、宣传展架等。

十一、组织及分工

(一)领导小组

负责本次会议的全面领导和总指挥，协调和监督各工作组的工作。

(二)分组及工作职责

1. 策划布置组

工作职责：策划会议流程，组织会议相关活动，布置会场等。

2. 组织管理组

工作职责：监督会议进程，使各部门之间协调合作，筹备会议，维护会议现场秩序。

3. 会务服务组

工作职责：负责会议的接待，以及会议现场的服务工作。

十二、筹备程序

序号	工作内容	完成时间	负责部门
1	客户邀约(短信、邀请函、电话等方式)确定人数		
2	公司介绍、产品介绍等幻灯片制作		
3	会议议程最终确定并打印		
4	宣传横幅、展架等制作安装工作		
5	公司宣传手册的准备工作		
6	物资采购到位(烟、酒水、水果、签到资料、其他)		
7	酒店联系、落实		
8	宣传横幅送到酒店并摆放到位		
9	人员的接待工作		
10	工作牌的制作与分发		
11	主持人及领导演讲稿的制作		
12	流程彩排		
13	现场合作意向登记接待工作		

十三、会场清理

1. 人员管理。关闭音响设备并及时回收各种电子设备，清点数量，防止遗漏。

2. 把会议签到的文件收好归档。

3. 把会议桌面上的物品如记录用笔、座位卡、姓名牌等收回。把会议资料整理好归档，废弃的文书应回收并用碎纸机销毁，不留纸屑，防止泄密。

4. 撤掉指示牌、气球、彩带等装饰用品。

5. 把搬动过的桌椅放回原处。

6. 会场的桌椅、会场地面、门窗应清扫并擦洗干净。

7. 等所有人员离会后，把灯光、空调关掉，归还酒店物品。

十四、费用预算

餐　费：　　　　元

烟酒费：　　　　元

会议室租赁费：　元(租赁费含音响、话筒)

布置费：　　　　元

……

不可预计费用：　元

费用总计：　　　元

十五、注意事项

1. 各组工作人员必须严格按照筹备工作计划的进度要求推进工作。

2. 市场督查负责督促各工作组的工作按时完成。

3. 会议期间公司人员必须统一着装，佩戴工作牌。

4. 会议期间公司人员必须提前到达现场，不得迟到、早退和无故缺席。

点评：该会议策划结构完整，流程设计合理，会议相关议程安排、筹备等环节需明确具体时间，以便后期工作的开展。同学们可以想一想，本策划书还可以进一步完善的地方有哪些。

■行动

又是一年毕业季，学校即将举办大型校园招聘会，为确保招聘会成功举办，拟面向社会举行一场校园招聘推介会，请拟订一份会议策划书。

■反思

查看 2021 年世界互联网大会乌镇峰会详细日程，思考会议策划与主题的关联性，学习如何围绕关键词进行会议主题设计，策划环环相扣的高效会议。

>>任务三　开幕式策划方案撰写<<

■知识学习目标

1. 了解开幕式的概念与流程。
2. 熟悉开幕式策划方案的撰写。

■技能素养目标

1. 能撰写开幕式策划方案。
2. 遵循团结友善公民道德规范。

■问题

“国际教育游学展”展会项目策划方案已经完成，展会也即将开幕。在开幕式的策划上，公司项目负责人希望在传统开幕式的基础上穿插一些表演活动或者特色活动，小王需要继续撰写开幕式策划方案。

请思考：在开幕式中穿插表演活动，对开幕式流程、议程安排有什么影响？如何合理规划开幕式流程？

■认知

一、开幕式的概念与流程

开幕式通常指公司、企业、宾馆、商店、银行正式启用之前，或是各类商品的展示会、博览会、订货会正式开始之前所举行的相关仪式。

开幕式是活动正式开始的标志，是展现活动规模和实力的最佳机会。开幕式种类较多，繁简不一。

开幕式的主要流程如下。

(1)宣布仪式开始，全体肃立，介绍来宾。

(2)邀请专人揭幕或剪彩。揭幕人目视彩幕，双手拉启彩索，展开彩幕。全场目视彩幕。鼓掌并奏乐。

(3)在主办方的亲自引导下，全体与会者依次进入幕门。

(4)主办方致辞答谢。

(5)来宾代表发言祝贺。

(6)主办方陪同来宾进行参观。开始正式接待顾客或观众，宣告对外营业或对外展览开始。

二、开幕式策划方案的写法

(一)结构

标题＋正文＋尾部。

(二)条目

1. 标题

活动名称＋文种，如“环保周开幕式策划方案”。

2. 正文

(1)举办开幕式的目的和意义。

(2)开幕式的时间和地点。

(3)嘉宾邀请和观众组织。除媒体记者外，参加开幕式的嘉宾还应包括：政府相关部门领导、社会名流、合作伙伴、社区公众、本单位领导等。另可组织部分群众观摩。

(4)主持人、致辞人、剪彩人身份和姓名。一般由活动主办方主持，联合主办的活动由双方指派主持人，各方主持人身份大体相当。文艺类活动开幕式可邀请明星客串主持。重要的开幕式，由主办方身份最高的领导致开幕词。致辞人身份高于主持人。

(5)开幕式流程。写法上以时间为序。

(6)现场工作人员的组织和分工。包括签到、引导、翻译、礼仪、会场布置、设备等各项工作。

(7)现场布置和物品准备。

(8)经费预算。

3. 尾部

尾部写提交方案的机构名称和提交日期。

(三)要求

开幕式策划不能天马行空，漫无目的，或是一味求新求热闹，需符合活动目的，选择适合的活动形式，对开展活动有可能遇到的问题考虑周全，并对重要因素如时间、人员、场馆、费用、宣传等作出适当安排。开幕式策划方案要求定位准确、主题突出、有创意，并具有可操作性。

■案例

迪庆藏族自治州建州60周年庆祝大会
开幕式“雪山为证”方案策划书

一、开幕式主题

高举习近平新时代中国特色社会主义思想伟大旗帜，全面贯彻党的指导思想及其会议精神，以“展示成就、提升形象、促进和谐、推动发展、共建共享”为主题，本着“隆重热烈、团结和谐、安全有序、规模适度、节俭欢庆”的原则，集全州之力精心办好建州60周年庆祝活动。以丰富多彩、特色鲜明的庆祝活动为载体向国内外展示迪庆民族团结进步事业的巨大成就，团结全州各族人民在新的历史条件下深入实施“生态立州、文化兴州、产业强州、和谐安州”战略，与全国全省同步全面建成安居乐业、保障有力、家园秀美、民族团结、文明和谐的小康社会，让全州各族人民共享发展成果和节庆喜悦。

二、开幕式方案

1. 开幕式构成

由时间、地点、要求、预计人数、会场布置和议程安排六项内容构成。

2. 内容

(1)时间：20××年×月××日上午9：00—待定。

(2)地点：迪庆民族体育场。

(3)主办单位：大型活动组、综合组。

(4)协办单位：宣传报道组、安全保卫组、行政及后勤保障组、志愿服务组。

(5)承办单位：云南××文化传播有限公司、云南民族发展促进会。

(6)要求：规模与全省各州州庆相当；仪式要求热烈、隆重、特色、大方，富有当代发展气息。

(7)预计参加人数：若干人。根据迪庆民族体育场容量而定。国家有关部委、省、州领导以及云南15个州市50余人，各族各界代表和先进模范人物代表50余人，商会及企业代表50余人，州政府各部门及各县(市、区)政府领导、相关部门人员300余人，退休副厅级以上的老干部若干名，新闻记者30人，工作人员30人，各界群众代表若干人。

(8)会场布置

①主席台

规格(暂定)：48 m×15 m，钢管构架，安全可靠，建筑模板铺台，红色地毯铺面(视场地和具体需求而变)。

款式：由主台及两个副台构成，形成两进两出错层，落差自然有序，主台突出，副台庄重，主次分明，整体感强。

背景规格：高10 m，宽20 m；以庆祝迪庆藏族自治州建州60年庆典为主题，配上会标及“建州60周年庆祝大会‘雪山为证’大型文艺表演开幕仪式”字样，采用高清室外LED背景屏，主要以迪庆在60年来的改革建设呈现出的繁荣景象为背景。

②主席台前：用鲜花盆构造一个立体花坛。

③迪庆民族体育场入口处：由一组7个充气拱门组成迎宾大道，上面悬挂"热烈庆祝迪庆藏族自治州建州60周年"藏汉双语条幅，左右各立灯笼柱一个，其中可悬挂经幡进行装饰。

④迪庆民族体育场上空、墙面：悬挂兄弟州、市及企业祝贺标语条幅、气球。

⑤迪庆民族体育场：除根据需要留出进出口及消防通道外，其余予以封闭，并做好安防措施。为渲染气氛，可对围墙进行可拆卸的装饰。因庆祝大会规模大、人流量大，这样有利于保证大会现场进出口人流有序及庆祝活动的安全。

(9)议程安排

8：20—8：50。仪式开始前，首先请领导、嘉宾和代表签到并到主席台入座，然后现场工作人员协调安排群众来宾入座。在此期间所播放的暖场音乐要节奏欢快、慷慨激昂，充分展现节庆特点。

①9：00—9：05，司仪(一般为电视台节目主持人)介绍大会情况。

②9：05—9：10，主持人(州政府分管领导或特聘人员)介绍出席大会的领导、来宾。

主持人：迪庆藏族自治州建州60周年庆祝大会"雪山为证"大型文艺表演开幕仪式现在开始！首先，向大家介绍应邀参加今天开幕仪式的领导、来宾，他们有……(依序从国家至省、州、市进行介绍)，让我们对他们的到来表示热烈的欢迎！

③9：10—9：20，州委书记致欢迎词。

欢迎词(主要内容)：一是对应邀的国家部委、省、州、市领导以及各路嘉宾及出席本次庆典的国内外群众表示欢迎；二是介绍举办这一活动的目的，展示迪庆藏族自治州建州60年来经济迅猛发展的良好局面、各族人民生产生活水平的提高，突出"经济建设、政治建设、文化建设、社会建设、生态文明建设和党的建设"；三是对全州工作开展情况以及取得的成果进行总结和汇报。

④9：20—9：25，国家部委代表或团组负责人讲话。

发言词：迪庆藏族自治州建州60周年庆祝大会的举办体现了迪庆州州委、州政府在经济建设、政治建设、文化建设、社会建设、生态文明建设和党的建设上取得的伟大成就。举办建州60周年庆祝大会，为各族人民创造一个共享发展成果和节庆喜悦的良好平台，并邀请了众多的国内外嘉宾参加庆典，为迪庆州走向全国、与世界接轨提供了良好的桥梁和纽带。作为本次庆典的嘉宾，对这一庆典十分重视，希望通过这一平台把迪庆介绍给各界来宾，为建设美好的迪庆而携手同行！

⑤9：25—9：30，省领导讲话(或省相关单位代表发言)。

发言词：对迪庆州成功举办建州60周年庆祝大会表示祝贺。庆典汇聚了全国各地以及海外来宾，在这里我们见证了迪庆州建州60周年以来翻天覆地的发展变化和丰硕的成果；这样的发展和变化符合国家路线和党的指导思想、会议精神，是我省各地区应该学习的榜样。我们希望迪庆州不骄傲不自满，把经济、文化、社会、生态文明以及党的建设贯彻落实到位，全面建成小康社会！

⑥9：30—9：35，请领导为开幕仪式剪彩。

主持人宣布为开幕仪式剪彩，礼仪小姐20人手持剪彩礼花、托盘、剪刀、彩球走入指定位置，请领导为开幕仪式剪彩。鸣放礼炮，放飞彩球，锣鼓、军乐队齐奏等。

⑦9：35，庆典开幕仪式结束，请领导、嘉宾和各位来宾欣赏大型广场文艺表演(具体节目待定)。

⑧表演结束后，安排领导、嘉宾从专用通道离场，组织好来宾和群众有序退场。

三、邀请嘉宾

1. 中央祝贺团、国家有关部委领导、省级领导、省级有关部门领导。

2. 友好州、市、县的代表。具体为：拉萨市、昌都市及全国其他9个藏族自治州，云南省15个州、市，援迪的上海宝山区、嘉定区、闵行区以及部分毗邻和友好县、市的代表。

3. 迪庆籍在外工作和曾在迪庆工作的副厅级以上领导。

4. 在迪庆的副厅级以上离退休老干部。

5. 州内各族各界代表、先进模范人物代表。

6. 商会及企业代表。

7. 新闻媒体。

四、前期工作准备

开幕式在整个庆典中起到至关重要的作用，因此在活动举行前期需周密布置，以确保开幕式的顺利进行，不因前期工作准备仓促而影响既定的实施效果。

(一)筹备工作管理方式

阶段式管理和项目式管理相结合。

(二)人员安排

1. 领导小组成员：待定。

2. 顾问：待定。

3. 项目组

(1)统筹组

任务：①统筹管理大会场地的安排与调整；②负责有关志愿者的招募与培训；③协调其他小组，开展相关工作；④领导交办的其他工作。

(2)公关组

任务：①审定媒体策略，联系媒体记者及摄影人员，利用多种传播方式对大会进行宣传报道；②负责大会的礼仪工作；③确定活动邀请的嘉宾并及时送出邀请函；④确定路线、人数后提前联系，接待好有关领导及来宾；⑤确定摄影人员，准备好相关影音设备，负责整个活动的拍照及录制。

(3)设计组

任务：①活动场地布置设计，如拱门、背景板、指示牌等；②物品设计，如大会的工作人员的证件、纪念品等。

(4)节目组

任务：①司仪和主持人的选择、形象设计及台词撰写、审核；②完成歌曲节目、舞蹈节目的收集、筛选及后期的排练彩排工作；③负责演唱会节目的编排及演唱会全流程的衔接；④准备好大会表演所需的一切服装道具。

(5)后勤组

任务：①活动经费预算的确定及实际费用信息的收集；②协助各部门对大会当日现场进行安排和布置；③准备好大会所需物资并负责发放；④监督并确保场地舞台的搭建及质量；⑤活动期间场地灯光设备、音箱设备的安装；⑥工作人员和志愿者服装、证件的发放。

(6)安保组

任务：①负责人员安检、安全隐患排查、纪律维持、后勤保障、消防撤离以及其他突发紧急情况；②做好医疗药品和医疗器械的准备，做好救护车的配备，并提前与附近医院建立联系，便于需要特殊治疗的人员能得到及时的入院诊治；③组员手机保持24小时畅通，随时保证现场人员的医疗救护需求。

(7)机动组

任务：活动期间，遵从各个小组的调配。

(三)推广宣传策略

1. 自活动启动之日起，转播电视台将特别制作“迪庆藏族自治州60周年庆祝大会”活动的宣传片，并将在庆典前一周持续播出。

2. 在节目录制现场的醒目位置将设置宣传专区。

3. 每期节目播出时，将插播4次5秒标版广告。

4. 每期节目播出时，在屏幕的右下角全程悬挂“迪庆藏族自治州60周年庆祝大会”会标。

5. 开通“迪庆藏族自治州60周年庆祝大会”微博或者在公众号上推送消息，与群众实时互动。

6. 迪庆州各大报纸、新闻应连载多期专题进行宣传。

7. 广播宣传。

(四)接待服务

1. 接送服务

(1)接站时间：待定。

(2)接送承办单位：待定。

(3)统一接站地点：待定。

(4)不用接站的来宾，直接到来宾接待办签到。

(5)如无特殊原因，9月15日民族歌手演唱会结束后，9月16日上午分两次统一安排返程送站。

(6)活动场地交通图：待定。

(7)接待明细

①接送安排：待定。

②住宿安排：待定。

2. 注意要点

(1)来宾到前做好准备。

(2)做好来宾的沟通协调工作。

(3)对清账目。

(4)随时关注来宾的意见，并及时反映给相关人员。

(5)注意价格的保密性。

(6)熟知接待酒店的接待设施基本情况。

(7)接待结束后对相应的酒店部门给予评价。

(五)安全与医疗服务

会场设安保组负责活动期间的安全与医疗工作。

1. 安全服务

(1)所有人员必须凭证件进入会场，按场馆规定配合做好安检工作。

(2)所有人员不准在活动场所内和禁烟区域抽烟。

(3)来宾进入活动场地后要严格服从组织人员的指挥，遵守会场秩序，在规定区域内活动，不得擅自离开。

(4)活动期间如发生特殊情况，要保持镇静，服从现场工作人员指挥有序撤离。

(5)安保人员发现安全隐患及时通报。

(6)安保人员不得将证件转借他人。

(7)来宾及工作人员要妥善保管好自己的物品。

(8)会场疏散图：待定。

2. 医疗服务

(1)做好医疗药品和医疗器械的准备，做好救护车的配备，并提前与附近医院建立联系，便于需要特殊治疗的人员能得到及时的入院诊治。

(2)组员手机保持24小时畅通，随时保障现场人员的医疗救护需求。

（六）志愿者招募

为确保活动的顺利开展，做好活动期间的相关服务工作，活动组织机构拟招募若干名志愿者进行服务。

1. 志愿者需求

(1)场地服务志愿者若干：以学生志愿者为主，重点保障活动现场志愿服务，定向、定时提供服务。

(2)专业服务志愿者若干：为各个项目组正常运转提供人力、专业知识等方面的支援，协助大会开展各项工作。

(3)公关服务志愿者若干：为活动场地提供相关礼仪、接待志愿服务。其中，礼仪小姐若干，身高1.65米左右，年龄25岁以下，着民族服装，落落大方，形象气质佳，负责接待、引领签到和为领导佩戴胸花等。

2. 招募条件

(1)身体健康，具备参加志愿服务的基本能力和身体素质，自愿参加服务。

(2)愿意接受培训及管理，在9月13—15日活动召开期间有充裕时间。

(3)有较强的组织纪律性，有激情，富于团队精神，甘于奉献，道德品质优秀，年龄18～45岁，条件优秀者可放宽，有志愿服务经验者优先。

(4)能适应志愿活动中出现的突发情况，并能服从志愿组织的整体工作安排。

3. 志愿服务项目

(1)场地服务：协助安保组、后勤组做好秩序维护、引导指示、应急救援等相关工作，提供场地清理、场地布置等服务。

(2)专业服务：协助项目组各小组开展专业性志愿服务，协助组织和管理，开展对外联络、外语翻译、办公文印等相关工作。

(3)公关服务：提供场地、嘉宾组织等相关礼仪、接待服务。

4. 报名与培训

(1)报名时间：待定。

(2)招募方法：社会招募与组织招募相结合。采用电话报名、网上报名、现场报名、机构招募等多种形式进行。

(3)志愿者培训：培训时间待定。

①志愿者上岗前必须经专业教师进行岗前强化培训。

②场地服务志愿者，用人部门负责进行现场培训。

③经考核合格后，志愿者才能持上岗证、《服务手册》，领取志愿者工作装备上岗服务。

5. 保障和激励

(1)工作保障：制发工作证，提供工作服和工作期间的餐饮。

(2)表彰激励：颁发志愿服务证书，根据服务时间和服务效果，优秀志愿者可获得纪念品。

（七）物品设计

1. 证件：待设计。

2. 工作服：待设计。

3. 请柬：待设计。

4. 节目单：待定。

5. 纪念品（活动纪念台历或其他）：待设计。

五、各阶段任务明细

（一）活动前三个阶段

1. 活动策划及准备期

本阶段主要完成：活动策划书、人员安排、节目收集、活动场地确定。

（1）活动策划书：由相关人员对活动进行整体策划，力求面面俱到。

（2）人员安排：由组织机构进行分配。

（3）活动场地确定：由统筹组负责，如有变动及时通知。

（4）节目收集：由节目组负责。采取专业演出机构提供节目和从社会邀请人员参演两个渠道。

2. 活动协调及进展期

本阶段主要完成：活动前期宣传、志愿者招募、经费支持、物品设计制作、节目筛选及第一次排练、来宾邀请。

（1）活动前期宣传：由公关组负责。联络相应媒体，对活动进行简单报道。

（2）志愿者招募：由统筹组负责。社会招募与组织招募相结合，招募若干名志愿者进行服务。

（3）经费支持：由后勤组负责。

（4）物品设计制作：由设计组负责。包括对场地布置道具、工作证、工作服、邀请函、节目单、纪念品等的设计制作。

（5）节目筛选及第一次排练：由节目组负责、统筹组监督，选取优秀节目，并进行第一次排练，地点待定。

（6）来宾邀请：由公关组负责。确定来宾名单后，确保将设计制作好的邀请函分发到单位及个人，并根据情况相应采用电话、传真、电子邮件等方式进行联络。

3. 活动倒计时期

本阶段主要完成：活动全过程确定（包括节目单确定）、场地预订及检测、物品购买、礼仪小姐确定、司仪和主持人确定、场地舞台灯光音响确定、大会整体彩排。

（1）场地预订及检测：由统筹组和安保组负责。统筹组预订完场地后由安保组对其进行检测，确保排除一切异常情况。

（2）物品购买：由后勤组负责。各项目组确定活动所需道具或物品，后勤组准备到位。

(3)礼仪小姐确定：由公关组负责。

(4)司仪和主持人确定：由节目组负责。要求有丰富的舞台经验、良好的形象以及出众的表达能力。

(5)场地舞台灯光音响确定：由统筹组、节目组和后勤组共同协调完成。

(6)大会整体彩排：由统筹组和节目组负责。节目单确定后发给各部门，加紧排练节目。地点为活动举行的场地。

(二)活动后期工作

1. 为工作人员、志愿者、演员分发奖品。

2. 活动末期宣传：由公关组负责。联络相应媒体对活动进行跟进报道。

3. 费用处理。

4. 书面总结。

(三)活动工作进度安排

待定。

六、应急控制

1. 若活动前秩序混乱，活动最多推迟半小时举行，其间来宾自由安排自己的时间。

2. 在此期间，由公关组负责领导及来宾的服务工作；由安保组负责现场秩序的维持；由后勤组负责舞台、音响设备、灯光设备等的看管。

3. 任一环节在进行过程中发生失误或无法顺利继续的情况时，由统筹组统一指挥安排；若仍出现问题，则视具体情况决定其继续或取消。

4. 上一个节目演出时，其后的两个节目在后台准备，前一节目出于各种原因无法按时出演时，下一个节目即时跟进；任一节目在演出过程中发生失误或无法顺利进行的情况时，由节目的领演人迅速组织演员重演此节目；若重演仍出现问题，则该节目立即退场，视具体情况决定其再次重演或取消。

5. 其他紧急情况发生时，由机动组负责处理。

6. 综合应急

(1)来宾应急方案

负责人：待定。

工作人员：主办方派遣若干人与相关工作人员若干人。

主要应急任务：①如果距离活动召开 1 天之前，来宾因事不能出席活动，将迅速安排备选人员，发送请柬，以确保到场人数完整。②如果活动召开当天来宾因事不能到场，将安排适量工作人员补充人数。③来宾有突发状况或特殊需求时，将在合理的情况下予以协调。

(2)停电应急方案

负责人：待定。

工作人员：主办方派遣若干人与相关工作人员若干人。

主要应急任务：①确保从入场到退场全过程正常供电及用电安全，做好供电预案，一旦停电应立即启动备用电源。②在停电期间，由节目组负责演员的组织与服装道具的看管工作，由礼仪组负责领导及来宾的服务工作，由现场组负责现场秩序的维持，由舞台组负责舞台、音响设备、灯光设备等的看管。

(3)消防应急方案

负责人：待定。

工作人员：主办方派遣若干人与相关工作人员若干人。

主要应急任务：①负责制定并执行好消防安全详细工作预案。②负责在活动期间与相关工作人员一起做好消防应急准备，如检查消防应急工具、安全通道等。③负责演出舞台、演员更衣室、休息室的消防安全。④如遇突发消防安全事故，应紧急指挥与会人员安全疏散，必要时应及时请求市消防支队增援。

(4)医疗应急方案

负责人：待定。

工作人员：配备医生若干名、救护车若干辆。

主要应急任务：①制定并执行好医疗救护详细工作预案。②将救护车辆在大会期间停放在指定位置，做好医疗救护应急准备。③如遇突发事故，应紧急进行救护，必要时应请求市医疗应急指挥中心增援。

(5)气象应急方案

负责人：待定。

工作人员：主办方派遣1人。

主要应急任务：提前2天向市气象局咨询活动当天的天气状况，便于做好相关后勤保障。例如：突然下雨，可向与会人员发放雨伞。

七、预算

待所有数据经过商定之后方可估算。

点评：该开幕式策划书结构完整、条理清晰，细节方面考虑也较为周到。由于篇幅所限，策划书部分内容没有完整展现，同学们可以考虑一下，还可以在哪些方面进行补充和完善。

■行动

1. 分小组完成以下开幕式策划。

(1)某商城开业庆典开幕式。

(2)某企业10周年庆典开幕式。

(3)社区新年游园会开幕式。

(4)打工者摄影展开幕式。

2. “禁奢令”发出后，如何策划开幕式?

近些年，一些地方政府和企业举办开幕式或为政绩或为吸引眼球，追求大场面、大制作，争捧明星、大腕，成本不断提高，导致不必要的浪费。就此，中宣部等五部门发出通知，要求制止豪华铺张，提倡节俭办会。

请讨论：在此环境下如何策划开幕式。

■反思

1. 从里约奥运会开幕式学习提出价值主张。

2016年里约奥运会开幕式在里约马拉卡纳体育场举行。与以往的奥运会开幕式不同，里约奥运会开幕式没有追求高科技、大型道具的使用，而是通过巴西丰富的音乐与舞蹈元素，来共同营造一个大的欢庆聚会。其间亮点不断，持续引发全场欢呼。请登录央视网，欣赏相关视频。

2. 第三届中国国际进口博览会开幕式在上海举行，国家主席习近平以视频方式发表主旨演讲。请登录央视网，欣赏相关视频。

>> 任务四　旅游线路设计方案撰写 <<

■知识学习目标

1. 了解旅游线路设计的概念和旅游线路的类型。

2. 熟悉旅游线路设计的特点。

3. 掌握旅游线路设计方案的写法。

■技能素养目标

1. 能区分旅游线路的类型和特点。

2. 能撰写旅游线路设计方案。

3. 遵循公民道德规范。

■问题

“国际教育游学展”展会项目顺利开展，并且如愿招展到一些行业的龙头企业。为了表示对这些行业龙头参展企业的感谢，公司领导计划针对这批客户策划一次特色旅游活动，让他们在参展后能很好地放松一下，要求小王设计一个具有特色的展后旅游项目，带领这批客户游览广州特色风景。

请思考：如何根据广州特色景观，结合游客的特色需求，设计一条合适的旅游线路？

■认知

一、旅游线路设计的概念

(一)旅游线路

旅游线路是一个区域内的若干景点各在不同的空间布置，对这些景点游览或活动参与的先后顺序与连接方式，可有多种不同的串联方式，由此组合成不同的旅游线路。它是依赖于景区(点)分布的线型产品，这种产品的简单结构是通过道路对景点之间的有限连接实现的，一般以交通线路设计为主要表现手法。

一条完整的旅游线路，应包含旅游时间、旅游目的地、旅游交通、旅游食宿、旅游活动安排、旅游服务、价格等。这也就是旅游线路设计的主要内容。

(二)旅游线路的类型

旅游线路的类型划分比较复杂，根据不同的标准，就有不同的划分方法。阎友兵指出，目前流行的标准和方法有如下几种。①

1. 按国界划分

可分为国际旅游线路和国内旅游线路。

2. 按旅游天数划分

可分为一日游、二日游、三日游……十日游，以至半月游等。

3. 按旅游线路距离远近划分

可分为长距离(>1000 km)旅游线路、中距离(500～1000 km)旅游线路和短距离(<500 km)旅游线路。

4. 按旅游活动内容和性质划分

可分为普通观光旅游线路、专业或专题旅游线路。其中普通观光旅游线路又可细分为自然风景观光线路和历史名胜观光线路，多数是二者的混合。

5. 按旅游者所乘交通工具划分

可分为徒步旅游线路、自行车旅游线路、水上(乘船)旅游线路、航空旅游线路、汽车旅游线路、火车旅游线路。

6. 根据旅游者的行为和意愿的特性划分

可分为周游型旅游线路和逗留型旅游线路。

除以上分类之外，根据旅游等级划分，可分为豪华团、标准团、经济团旅游线路；按旅游市场的年龄来划分，可分为老、中、青旅游线路；根据旅行方式来划分，还可分为团体旅游线路、一般散客旅游线路、俱乐部旅游线路和已成为时尚的自驾车旅游线路。

(三)旅游线路设计的特点

旅游线路是旅游产品重要的组成部分，它实际上是旅行系统在线性轨迹上的投射，将各种单项的旅游产品有机地组合在一起。旅游线路设计可以把景区的各个景点串联起来体现一定的文化内涵和意境，而这样也将影响着游客的旅游感受。旅游线路设计在区域旅游的开发中是一个非常重要的内容，线路设计的好坏将直接影响到开发的成功与否。所以作为旅游开发中极其重要的部分，旅游线路设计有自身的特点。

---

① 参见阎友兵：《旅游线路设计学》，15～17页，长沙，湖南地图出版社，1996。

1. 交通特性

线路最重要的功能是作为景区的交通功能，起到从一旅游景点到另一旅游景点的交通作用。

2. 景观特性

旅游线路在景区的开发和规划建设中也是作为景观的一部分来看待的，除了具有基本的交通功能外，它也是景区的一种景观。这种景观的好坏，也会直接影响游客的旅游体验。

3. 连接特性

旅游线路是把景区的各个景点连接起来的纽带。通过旅游线路的连接，景区的各个景点成为一个有机的整体，体现一定的景区主题和文化内涵。

4. 主题特性

旅游线路的设计可以明确景区开发的主题和区域景观的主题。它通过旅游线路的位置选择、材质的选择、游憩节点的选择、色彩等方面给游客以景观的享受和明显的心理暗示，让游客明确了解景区的主题。

（四）旅游线路设计的原则

1. 市场需求原则

随着大众旅游的兴起，国内旅游市场需求呈现出普遍化、消费化、集中化、组织化和多元化的特点。旅游者地区、年龄、文化、职业不同，对旅游市场的需求是不一样的。

2. 符合旅游者意愿和行为原则

旅游者是旅游活动的主体，在设计和销售旅游线路时，必须以旅游者的意愿为出发点，最大限度地满足旅游者的需求。换句话说就是要针对目标市场和客户群体来设计线路，以他们的需求为设计路线的依据。同时也要考虑到目标市场的客源的特点。比方说，经济团游客的特点就是想花最少的钱游览最多的景点；而豪华团游客的特点就是不在乎钱，但他们要求的是高质量高标准。所以在设计两种路线的时候要有不一样的侧重点。

一次好的旅游行程，要有“序幕→发展→高潮→结尾”的安排，这样才不会让旅行平淡无味，才能让旅游者留下深刻的印象。

除了包括必要数量的旅游热门景区外，根据旅游线路的主题和市场需求，有针对性地选择一些人们还不是很熟悉的、新奇的旅游冷门景区，往往会收到出人意料的效果。

3. 主题突出原则

旅游线路的特色或主题的形成主要依靠将性质或形式有内在联系的旅游点串联起来，并在旅游交通、食宿、服务、娱乐、购物等方面选择与此相适应的形式。

二、旅游线路设计方案的类型

旅游线路设计方案是指为了科学合理地安排游客的行程，从“吃、住、行、游、购、娱”六个方面对行程进行统筹配置的文字策划方案。旅游线路设计方案可以分为以下四类。

第一类指区域旅游规划中的线路设计方案，即通过优化设计道路对景点之间的有限连接，将一个旅游区域内处于不同空间位置的若干景点按照游览或活动参与的先后顺序与连接方式，设计出多种不同的串联方式的策划文书。旅游策划方案中的线路设计是政府营销的着力点。

第二类指景区内部的游道设计方案，即通过风景区内部的线路规划，将线路进行科学组织与布局，克服景区线路布局不合理现象，形成旅游干线空间结构完善、整体性强的效果，由此而形成的文字策划方案。游道设计属于景区建设项目。

第三类指旅行社线路设计方案，即旅行社在有利润空间的特定区域内，根据时间、交通、景区等要素的情况，所形成的经营性计划方案。旅行社线路设计必须以盈利为前提，这与政府和旅游规划的出发点是不同的。

第四类指旅游者自己设计的旅游线路方案，即旅游者根据自己的喜好随意地设计旅游线路方案。

三、旅游线路设计方案的写法

（一）线路名称

每一条旅游线路必须有一个名称，这个名称可以是景点串联式，如“海口—三亚三日游”；可以是文章标题式，如“新天仙配之旅”；还可以是主副标题式，如“一个苏州 两处梦境——苏州，历史文化名城之旅”“访名人故居，品徽风皖韵——合肥名人故居游”。

（二）线路主题

每一条旅游线路不仅仅是线路的连接，还有一个中心主题统摄景点特色，形成景点合力，使整个旅游过程都围绕着一个明确的主题而展开，如“红色之旅”“文化之旅”“海洋之旅”“美食之旅”“湿地之旅”“园林之旅”等形式多样的主题线路。又如“访名人故居，品徽风皖韵——合肥名人故居游”，以“开拓视野，了解名人”为主题，结合合肥市部分优秀的旅游景点，设计出一条从名人堂出发，经包公祠、李鸿章故居、杨振宁故居的环形旅游线路。

（三）线路背景及景点介绍

线路背景主要回答在怎样的背景、需求趋势下设计旅游线路。例如，“访名人故居，品徽风皖韵——合肥名人故居游”旅游线路策划方案的背景介绍为：“合肥古称庐州，素以‘淮右襟喉、江南唇齿’‘三国旧地、包拯故里’闻名于世。设县两千多年以来，人杰辈出，豪杰并起。他们给合肥、给我们都留下了一笔宝贵的财富。”

景点介绍是对整条线路中所有景点进行概括性介绍的文字，必须突出主题，突出特色。

(四)线路的目的和意义

本部分主要回答为什么设计这一线路，有什么意义。

(五)具体行程安排

本部分介绍旅游的行程、景点的情况及乘车、游玩、食宿等具体的安排。

(六)线路可行性分析

线路可行性分析包括市场营销环境、消费者分析、产品分析及竞争对手分析等方面。

市场营销环境分析包括市场条件(如市场潜力、经济能力、消费观念等)分析及市场竞争(竞争对手、线路本身问题、发展环境威胁等)分析。消费者分析主要从消费者的构成情况、目标市场旅游消费能力、消费者购买动机、消费者购买时间、消费者购买渠道、潜在消费者等方面进行分析。通常采用旅游线路产品 SWOT 分析模式。如“男室女室——惠玩海南”旅游广告策划书中的 SWOT 分析，见表 2-4-1。

表 2-4-1　“男室女室——惠玩海南”旅游广告策划 SWOT 分析

内部分析	外部分析	
	机会(O)	威胁(T)
	1. 目标市场这方面的旅游需求较大。 2. 针对竞技交友的旅游线路基本空白，目标群体具有足够的消费能力。	1. 该线路可模仿性较强。 2. 受到其他旅游线路的威胁，竞争激烈。 3. 产品持续竞争力较弱。
优势(S)	优势机会策略(SO)	优势威胁策略(ST)
1. 线路设计有创意。 2. 目标市场明确、独特。 3. 距离短，交通方便。 4. 线路设计非常符合目标市场的需求。	1. 针对目标市场加大宣传力度。 2. 要设计质量较高、符合大学生需求的产品。	1. 经常性地更新产品，保持产品的竞争力和新鲜感。 2. 积极采纳建议，提高产品服务质量，打造好的口碑，提高在同行中的竞争力。
劣势(W)	劣势机会策略(WO)	劣势威胁策略(WT)
1. 针对的目标市场较小。 2. 景点范围较小，数量较少。 3. 时间限制因素较多。 4. 行程复杂，不便管理。	1. 宣传要突出产品特色。 2. 针对寒暑假设计更长时间的该种旅游产品。	扩大目标市场：可把我们的目标市场推广到全国的大学生和社会上有交友需求的年轻群体。

(七)广告策略

本部分主要是对本旅游线路进行宣传的计划。包括广告目标(创造理想的经济效益和社会效益)、产品定位策略、消费者诉求重点、广告表现形式等方面内容。

(八)详细经费预算

本部分对线路安排的整体成本进行测算,是制定收费价格的标准。

(九)行前准备及安全

本部分主要是为了提醒游客行程中必做的准备或要注意的各种事项。

总之,旅游线路设计方案虽然没有明确的格式标准,但必须考虑旅旅游线路时间、目的地(旅游资源的类型、级别等)、交通、食宿、活动安排、服务、价格及线路的可行性等方面的内容。

■案例

案例 1

成都欢乐游线路设计方案

一、线路名称:成都欢乐游

二、线路主题:在成都好好玩一玩,体会一下成都的美好!成都是一座来了就不想走的城市,那么就让我们来体会一下其中的美好吧!顺便感受一下这里的绿色生活,让我们都做一个文明的环保人士吧!

三、线路口号:要在成都啧!

四、线路主题歌:《海阔天空》

五、线路背景及景点介绍

青城山、都江堰、欢乐谷、杜甫草堂、武侯祠、金沙遗址博物馆、青羊宫,它们都是成都有名的景点,不去一下简直对不起我们这次的游玩!

青城山:位于成都平原西北部边缘都江堰风景区内,东距成都 68 公里,距都江堰仅十几公里。主峰老霄顶海拔一千多米,林木青翠,四季常青,诸峰环峙,状若城郭,故名青城山,素有"青城天下幽"的美誉。1940 年前后,当代国画大师张大千举家寓居青城山上清宫。他寻幽探胜,泼墨弄清彩,作品逾千幅,还篆刻图章一方,自号"青城客"。20 世纪 60 年代,张大千在远隔重洋的巴西圣保罗画下巨幅《青城山全图》,供自己及家人卧游。晚年自云"看山还是故乡青","而今能画不能归",终生对故乡青城仙山充满着眷恋之情。青城山是中国著名的道教名山,道教发源地之一。传说道教天师张道陵晚年显道于青城山,并在此羽化。此后,青城山成为天师道的祖山,全国各地历代天师均来青城山朝拜祖庭。

都江堰:位于四川都江堰市城西,古时属都安县境而名为都安堰,宋元后称都江堰,被誉为"独奇千古"的"镇川之宝"。建于公元前 3 世纪,是战国时期秦国蜀郡太守李冰及其子率众修建的一座大型水利工程，是全世界至今为止年代最久、唯一留存、以无坝引水为特征的宏伟水利工程。直到两千多年后的今天，都江堰仍发挥着巨大的作用。李冰治水，功在当代，利在千秋。都江堰不愧为文明世界的伟大杰作、造福人民的伟大水利工程，也是我国科技史上的一座丰碑。

杜甫草堂：(略)

欢乐谷：(略)

武侯祠：(略)

青羊宫：(略)

金沙遗址博物馆：(略)

六、线路的目的和意义

在现在这个高速发展的时代，人们步伐匆匆，都没有时间停下来好好休息一下了。我希望能借着这样一个机会让大家把脚步放慢下来，就只是好好地耍耍，不想其他的事，让自己的心融入大自然中去，轻轻松松、开开心心地享受一下简简单单的快乐！在欣赏风景的同时，我希望大家又能够看到绿色的可贵，生出一份保护环境的责任心，为世界的更加美好作出自己的一点小小的努力！

七、线路简介

一天去一个景点。因为这些景点都在成都周边，所以对于去哪个景点的先后次序没必要太在意，可随时调整。我觉得可以是青城山→杜甫草堂→金沙遗址博物馆→欢乐谷→武侯祠→都江堰→青羊宫。第一天先去爬山，纾解长时间积累的怨气、不平、难过等负面情绪；第二天、第三天去感受一下杜甫草堂和金沙遗址博物馆的平静；第四天去欢乐谷，给自己带来不一样的快乐；第五天去武侯祠逛一逛，看一看锦里的风貌；第六天去都江堰，体会一下大自然的雄伟，还有我们的祖先无上的聪明智慧；第七天面临着回归生活，就到青羊宫中感受一下千年底蕴的道教文化，让心灵更加平静，尽快重新投入工作学习中去。

八、具体行程安排(略)

九、线路的优点与不足

如果按照上面安排，所有景点全去需要 7 天，时间太长，花费也比较大，一次游完不太合适。但是因为这些景点都在成都附近，这就好办多了，不需要一次性全去，可以利用周末分开去玩。另外，如果有老人，那就不适合去欢乐谷、青城山这类过于刺激、对体力消耗也较大的景点，这样就会对我们的一些活动造成限制。

十、线路可行性分析(SWOT 分析法)

利：可拆可合，不要求必须一次性游完。景点都在成都附近，门票不贵，交通方便，还可以使用公交卡，交通花费不高，便于欣赏美景，放松心情。

弊：金沙遗址博物馆这样的地方，比较适合寻求心情平静的人，而欢乐谷里面大多是很刺激的游乐设施，小孩和老人都不太适合，这就限制了人群。此外，在景区里的消费较高。

十一、详细经费预算(略)

十二、行前准备及安全提示

手机。最好是满电的，确认一下随行人员的号码都相互存上了。

钱包(当然，里面要有钱)、水、一些小零食、纸巾、创可贴一两个。

身份证、信用卡(如果是自驾游，那么要备上驾驶证等)、家里或旅馆的钥匙、公交卡或足够的零钱。

景点地图，或者提前将离线地图下载到手机中。

带一件薄外套或衬衫，山上或其他景点里绿树成荫，温度比外面低。

穿舒适、适合走路的鞋子。女性不建议穿高跟鞋，既磨脚又不方便。

如果有小孩或老人等没手机的，确保他们记得随行人员的号码；叮嘱他们遇到事情找警察(有条件的可以带上电话手表、定位手环之类)。

点评：这份旅游线路策划书有如下几点值得借鉴。

1. 结构完整，层次分明，线路名称、线路主题、线路口号、线路主题歌、线路背景及景点介绍、线路的目的和意义、线路简介、具体行程安排、线路的优点与不足、线路可行性分析(SWOT 分析法)、详细经费预算、行前准备及安全提示等要素一应俱全。

2. 具有特色的主题及口号。

3. 线路设计合理，具有可选择性。

4. 优点与不足的分析十分合理。

5. 结尾行前准备及安全提示十分人性化。

案例 2

××公司西安奖励旅游策划方案

一、奖励旅游实质目的分析

奖励旅游是以旅游的形式进行的具有一定目的性的活动。其目的在于增强员工或经销商的荣誉感和对企业的归属感，激励员工提升工作效率，宣扬公司的企业形象及文化。奖励旅游是一种现代化的管理工具，是企业管理多样化的一种体现。其在提高受奖者荣誉感和归属感的同时，也是对企业自身的形象树立、理念宣扬、目标达成的一种促进。在旅途中，又为受奖者提供了一个极好的经验交流平台。

二、项目可行性分析

西安是闻名中外的旅游城市，也是文化底蕴十足的现代化城市，与公司文化十分贴合。而且西安交通便利、景色别致、基础设施完善，都很好地为本次奖励旅游活动的开展提供了支持。

三、企业特性背景分析(略)

四、奖励旅游项目具体规划

(一)奖励旅游活动名称：××公司奖励旅游

(二)奖励旅游主题：“××畅游文化古都”

(三)旅游目的地：陕西西安

(四)旅游时间：20××年10月19—22日

(五)负责单位：××公司

(六)参与人员：××公司国内业绩突出的经销商及其家属(每名经销商最多可带两名家属)

人数预计：300人

(七)行程具体安排

第一天(10月19日)：广州—西安。

8：00　××公司大门口集合。

8：00—8：30　由负责人带领参观公司总部，开一个简短的小会作为出发仪式。

8：40—9：30　乘专车前往广州新白云国际机场。

9：55—12：40　飞抵西安咸阳国际机场(飞机提供午餐)。

12：40—12：50　简单的机场欢迎活动。

12：50—13：50　抵达西安××××酒店入住休息，酒店可提供自助餐。

13：50—18：00　经销商自由活动，可自行安排。

18：00—21：30　在××××酒店举行主题晚宴，欢迎经销商及其家属。可由公司高级别领导出席致辞，给予问候。进行经销商颁奖及礼品发放等活动(详见"重点环节组织实施方案")。

21：30　活动结束，经销商自行活动、休息。

第二天(10月20日)：参观秦始皇兵马俑、秦始皇陵、华清池、华清池长恨歌。(具体安排略)

第三天(10月21日)：参观大明宫国家遗址公园、碑林、大雁塔、大雁塔音乐喷泉、大唐芙蓉园。(具体安排略)

第四天(10月22日)：参观钟楼、陕西历史博物馆、西安古城墙、回民街(自由购物)及返程。(具体安排略)

(八)奖励旅游个性化安排

1. 总部参观及简短的会议，增强经销商对公司的信心和了解。

2. 主题晚会、富有企业特色的礼物及颁奖活动。

3. 公司高层莅临，与经销商一起活动。

4. 豪华高档的行程安排，体现企业对经销商的认可。

5. 一些小活动、小惊喜给经销商留下美好的记忆。

6. 通过精心设计的行程，让经销商有交流工作经验的机会。

7. 文化盛宴，让经销商经历一次文化洗礼，达到放松的目的。

(九)线路评价与分析

本条线路整体实现将古都西安的优秀文化景点合理串联，为经销商提供了一场文化盛宴。

本线路的特点就是文化氛围浓烈，节奏舒缓，让经销商可以很好地放松经营压力，舒缓身心。同时，该活动很好地满足了经销商与经销商、经销商与家属的沟通与交流的需要，而且很好地体现出了奖励旅游的特点。

本线路很好地将人们普遍向往的景点串联起来，比较好地满足了人们的心理需求，具有较好的普遍适用性。

另外，本次旅游安排全程进行录像，后期会制作出旅行纪实赠予经销商，以留下美好的回忆。

(十)活动预算

广州到西安往返机票：略

包车费用：略

住宿(含早餐)：略

用餐费用(预估)：略

景点参观费用：略

机动费用：略

合计预算：略

(十一)突发事件处理

成立专门的危机管理小组，制定详细的突发事件处理预案。详见“附录：特殊情况及处理预案”。

(十二)注意事项

1. 景区参观文明礼貌，遵守景点注意事项。

2. 带好保暖衣物，预防天气突变。

3. 听从组织人员安排，勿擅自行动。

4. 注意酒店安全事宜。

5. 如遇紧急情况，及时联系危机管理小组，予以解决。

五、重点环节组织实施方案(略)

附录：特殊情况及处理预案

1. 关于参与人员

参与人员年龄过大者，由公司安排专人特殊照顾，保证其安全。

参与人员如在活动期间出现身体不适，应迅速送医院诊治；情况危急者，要住院观察。

参与人员若感觉活动量太大，体力不支，可由公司安排专人负责陪同，提前返回酒店休息。

2. 关于旅游场地

(1)旅游目的地

如果出现意外情况，如维修、损毁、关闭等，由危机管理小组临时调整旅游目的地，确保活动顺利进行。

(2)其他特殊情况

如发生拥挤踩踏事件，危机管理小组要紧急处理，维持秩序，救助伤者。

如与当地人员发生矛盾，由危机管理小组出面调停，予以解决。

如有外来人员捣乱滋事，影响活动，由危机管理小组予以制止，必要可拨打110。

如发生火灾，参与者要积极自救，危机管理小组组织疏散。

如交通工具出现意外情况，由应急管理小组紧急调派车辆应急，保障活动的顺利进行。

如出现交通事故，视具体情况处理。

其他特殊情况特殊处理。

点评：这份旅游线路策划书结构完整，层次分明，细节考虑周到，便于实际实施。

■行动

1. 请你为广东某旅行社起草一份以“羊城新八景”为主题的广州市内旅游线路设计方案。

2011年5月18日，“羊城新八景”评选发布典礼在广州中山纪念堂举行，这场历时半载的评选终于揭开面纱，以广州塔为代表的四处新景观入选就是羊城百姓肯定“十年蝶变”的最佳注脚。这次的评选以珠三角为核心，辐射整个广东，甚至得到了全国多个省市居民的热烈响应。仅总评公众投票一个环节，就吸引了860多万张选票，创下了自宋代以来“羊城八景”评选规模之最。入选景点恰好“四老四新”，传统与现代相映生辉。“新羊城八景”如下。

古祠流芳——陈家祠。何为岭南精神，何为岭南意趣，何为岭南想象，建议你走进这座古祠。她建于清代，似乎刻意等待着一个古典时代的隐退而作出某种集大成的总结。她用凝固的造型向你揭示岭南文化的生存密码，也讴歌岭南文化的生命魅力。

越秀风华——越秀山。山不在高，有仙则名。仙者，五羊也。从先民的传说到古城的中轴，从南越王到孙中山，如果你要读懂羊城的前世今生，就沿此山的脉动去寻访。这是一座历史的山，也是一座文化的山。从城市的原点走向城市的未来。

云山叠翠——白云山。并非因为她的巍峨而入选历代羊城八景，只是表明广州人对巍峨的永恒敬意。我们需要登高望远，送走闯海人的征帆；我们需要登高望远，迎来四海的宾客；我们需要登高望远，祝福我们这座都市在白云叠翠中长大。

珠水流光——珠江河(白鹅潭至琶洲段)。是珠水甜蜜的乳汁养育了广州，是珠水林立的舟帆繁华了广州，是珠水革命的惊涛激扬了广州。如今，又是这流光溢彩的珠水装点了广州的时代憧憬，浅吟低唱色彩斑斓的都市歌谣。

湿地唱晚——南沙湿地。这是当下广州最大的一片湿地。不仅是奇迹，也是福祉。她的主人是百鸟，是绿树，是潮润的土地，是浩渺的江海。我们将成为虔诚而小心翼翼的朝圣者。我们为绿色祈祷，我们为绿色祝福，我们期盼她成为永恒的绿色风景线。

科城锦绣——广州科学城。也许更为赏心悦目的风景还在未来，但是今天我们已经异常振奋。因为在她的足音里，我们已经催发了生动的想象，并且更新了我们的视觉传统和视觉观念。这是一种更长远的观看，也是一种更富有内在震撼力的观看。

荔湾胜境——荔枝湾涌。如果说西关是最民间的广州，因而是最广州的广州，那么，你就会领悟荔湾胜境的意趣。小桥水巷、大屋骑楼、歌女商贾等构成的一幅民间广州的清明上河图长卷，会魂牵梦萦地沉潜在你的记忆中。

塔耀新城——广州塔。她亭亭玉立在广州城的新中轴线上，珠连起一座座具有新时代风采的地标建筑群落，烙印着改革开放先行者的坚实足迹，述说着古城旧貌新颜、与时俱进的腾飞愿景，耀映着羊城人民的今天与未来。

2. 请你为自己的家乡设计一个特色旅游项目。

■反思

1. 如何根据旅游线路距离安排旅游餐饮？

2. 大理城市旅游规划方案——“风花雪月”如何让大理游客翻倍？

2003 年熊大寻受大理市政府之邀，为大理做了城市旅游规划之整体策划，提炼出“风花雪月”的精准大理旅游形象口号。2003 年以前，大理每年的游客总数固定在 300 万左右，2003 年游客总数变成了 500 多万，差不多是原来的两倍。所以，2003 年成为旅游界公认的大理旅游的分水岭，大理当年实现引资 32 亿元。熊大寻为大理城市旅游所做的整体策划获中国策划金奖。

熊大寻在《谁在策划旅游》一书中，详细描述了大理旅游项目的策划过程、策划思路、策划手法等，同学们可以参考。①

>> 任务五　节事活动策划方案撰写 <<

■知识学习目标

1. 了解节事活动策划方案的重要性。

2. 掌握节事活动策划方案的写法。

■技能素养目标

1. 掌握节事活动策划方案的写作技巧。

2. 能按照规范撰写节事活动策划方案。

3. 树立正确的道德意识、法制观念。

---

① 参见熊大寻：《谁在策划旅游》，300～324 页，广州，广东经济出版社，2011。

■问题

“国际教育游学展”展会项目顺利开展五届后，小王由于工作能力突出，不断晋升，已经成为公司的项目总监，全权负责该展会项目的运营，展会项目也在不断发展中。王总监希望能在展会项目中不断增加亮点，吸引展商的目光，扩大展会品牌影响力和美誉度。因此，他安排部门人员在展会基础上，策划一个配套的沙龙活动，作为展会的特色节事活动项目。

请思考节事活动如何与展会项目相辅相成，既能成为一个独立的特色活动，又能对展会的进一步发展以及品牌的建设提供帮助，并撰写该节事活动策划方案。

■认知

一、节事活动的概念与分类

节事是一个组合概念，是节日(festival)和特殊事件(special event)的统称。节日指有主题的、传承性较强的公众庆典活动。特殊事件指日常生活体验以外的群体性娱乐休闲活动。

节事活动按主题的类型分为商贸、文化、自然景观、传统节日、民俗风情、宗教、大型体育赛事及综合主题八大类型。

节事活动的举办可以为举办地带来可观的经济和社会效益，提升举办地的形象和地位，带动相关产业的发展，提高人民的生活水平。

二、节事活动策划方案的写法

(一)结构

首部＋正文＋尾部。

(二)条目

1. 首部

首部包括标题、策划单位的名称、策划日期、目录、前言。

标题由节事活动的名称＋文种构成，如“青岛国际啤酒节策划方案”“南宁国际民歌艺术节策划方案”。

目录便于了解策划方案的全貌。

前言是策划方案的精华，包括活动背景、目的、活动亮点等。

2. 正文

(1)市场背景及可行性分析

分析市场需求，说明活动的内在优势、劣势，外部机会和威胁，对其作出整体态势评估。还包括同类活动竞争分析。

(2)活动的目的及意义

简明扼要地阐述活动带来的经济效益、社会效益、媒体效益等。

(3)活动的基本要素

①活动名称：包括时间、举办地、活动内容等信息，如“第×届海南国际椰子节”“20××年上海国际旅游节”。

②活动主题：做到特色与创新相结合，吸引有效的客源市场，避免主题与其他活动类似，无辨识度。同时配以活动标志物、活动宣传口号等。

③举办单位：包括主办单位、承办单位、协办单位、支持单位等。

④举办时间：节事活动举办时间应尽量避免与其他重大活动相冲突，特别是目标观众是学生时，还需考虑错开上学时间。

⑤举办地点：举办地点要考虑市场容量、公众分布情况、活动性质、设施、可视性、集中性、成本、交通等因素。

⑥活动规模：预计参与者人数。

(4)宣传推广计划

宣传推广计划要将报纸、广播、电视、网络等都考虑进来，做好新闻媒体的组织工作。

(5)工作人员分工计划

按照时间先后顺序绘制图表，对人员的组织配置、工作任务、相应权责等加以说明。

(6)招商计划

通过合理安排，发挥节事活动招商引资的功能。

(7)筹备进度计划

要做好统筹安排，考虑到不可预测情况的应变措施。

(8)经费预算

经费预算需考虑广告、印刷品、邮寄、公关、促销、管理费用等。原则是成本控制。

(9)风险预测

风险预测即内外部环境发生变化时的解决方案和备选方案。

(10)评估总结

本部分主要对节事活动进行评估和管理。

3. 尾部

尾部包括活动负责人、参与者姓名、嘉宾名单、组委会联络方式等，部分内容可以附件形式展示。

(三)要求

内容具体，可操作性强，避免空洞说理。

■案例

案例1

首届天津市“中国农民丰收节”庆丰收开幕式、晒丰收成果展活动方案

依据《首届天津市“中国农民丰收节”总体活动方案》，制定本方案。

一、活动时间地点

时间：20××年×月××日(周日)上午10：00

地点：蓟州体育馆

二、主办和承办单位

1. 主办单位：天津市农村工作委员会

2. 承办单位：蓟州区委、区人民政府

3. 协办单位：略

三、庆丰收开幕式

(一)出席领导及市直相关部门

市商务委主任、市旅游局局长、市文化广播影视局领导；涉农区主管区长、农委主任；北京、天津主流媒体记者及参展电商。以上共计100人。

(二)蓟州区领导及相关部门

区委、区人大、区政府、区政协相关领导；各镇乡街主要领导、相关委办局主要负责人50人；市级帮扶蓟州困难村单位领导100人；“春华秋实”活动来蓟驻华使节30人；蓟州区26个镇乡农民代表520人(每镇乡20人)；百家媒体蓟州行记者100人。以上共计800人。

参加活动的人员总计900人。

(三)场景布置

1. 在蓟州体育馆主场馆正门处布置开幕式主席台，设置“首届天津市‘中国农民丰收节’开幕式”背景板；主席台上设领导和嘉宾站位席、主持席和发言席，台下安排领导、嘉宾、记者和观众方队站位；会场四周布置空飘和道旗，门前布置2个粮囤堆头和1个门头。

2. 在会场南侧设置签到处和背景板，请领导参与关注首届天津市“中国农民丰收节”微信公众号。

(四)庆丰收开幕仪式程序(约30分钟)

拟请市农委副主任×××同志主持开幕仪式。

1. 区委书记致欢迎词。

2. 农民代表发言。

3. 各区特色农产品推介。拟请蓟州区、宝坻区、武清区、静海区、宁河区5个区的分管副区长推介本区特色农产品(各区发言不超过3分钟)。

4. 市农委书记、主任讲话。

5. 副市长宣布首届天津市“中国农民丰收节”开幕。

6. 参加开幕式的领导、嘉宾及各方代表参观“晒丰收成果展”。

四、晒丰收成果展(蓟州体育馆)

(一)展区布置内容

蓟州体育馆功能区：丰收成果展区、非遗文化展区、民俗作品展区、农耕民俗展区。

蓟州体育馆核心区：农产品质量安全万里行活动、蓟州区重点招商项目签约活动、特色农产品特装展区。

蓟州体育馆馆外区：特色农品展示售卖区和天津特色小吃品尝销售区。

(二)参观路线

丰收成果展区→非遗文化展区→民俗作品展区→农耕民俗展区→特色农产品特装展区→农产品质量安全万里行活动→特色农品展示售卖区和天津特色小吃品尝销售区。

晒丰收成果展初步拟定时间为×月××日—×月××日，共3天。

五、时间安排

9：00出席仪式的领导赴开幕式现场。

9：25媒体记者采风团，镇乡街、相关委办局负责人，各镇乡农民代表入场。

9：30热场(大屏幕播放蓟州宣传片)。

9：50丰收锣鼓表演。

10：00开幕仪式。

10：30开幕仪式结束，进行丰收舞狮表演，参加开幕式的领导参观晒丰收成果展。

11：00举行天津市农产品质量安全万里行宣传活动。(市农委负责，蓟州区配合，地点：体育馆核心区内)

11：30举行蓟州区重点招商项目签约仪式。(蓟州区人民政府负责，地点：体育馆核心区内)

11：50媒体专题采访。区委副书记、区长接受媒体采访。

12：00用餐。出席活动的市领导、市相关部门和各涉农区相关人员、嘉宾等约300人在××宾馆就餐。

下午：出席活动的领导、嘉宾可选择到上仓镇程家庄村“北方江南”景区参加“农民农艺、乡愁展”等活动，到蓟州影剧院观看庆丰收文艺演出。

晚上：出席活动的领导、嘉宾可选择参加渔阳镇西井峪村“农民丰收宴”活动。

六、任务分工

1. 庆丰收开幕式活动的前期筹备和现场组织工作由市农委和蓟州区人民政府共同负责。

2. 晒丰收成果展的组织与策划工作由市农委和蓟州区人民政府共同负责。

3. 丰收节系列活动的宣传报道由市农委和蓟州区人民政府共同负责；综合保

障、安全应急、环境整治等工作由蓟州区人民政府负责。

4. 市农委书记、主任讲话稿、副主任主持词由市农委拟定。

5. 区委书记欢迎词由蓟州区委办公室拟定，区委副书记、区长接受媒体采访材料由蓟州区政府办公室拟定。

6. 各区特色农产品推介词由各区拟定，报市农委审核。

7. 全市市直帮扶单位工作组成员免费看演出、免费游景区由市农委协调落实。

20××年×月××日

点评：该方案结构完整，条目清晰，具备可实施性。

案例 2

2019 年第 15 届世界风筝锦标赛竞赛规程①

一、主办单位

国际风筝联合会

中国风筝协会

潍坊市人民政府

二、承办单位

潍坊国际风筝会办公室

三、比赛时间

2019 年 4 月 20 日至 22 日

四、比赛地点

山东省潍坊市滨海开发区

五、竞赛项目

(一)竞赛项目

1. 打斗风筝赛

2. 双线运动风筝团体芭蕾赛

3. 四线运动风筝团体芭蕾赛

4. 创新风筝赛

5. 优秀传统风筝赛

6. 最佳空中效果风筝赛

7. 最佳软体造型(挂件)风筝赛

(二)特色风筝表演项目

1. 串类最长风筝表演赛

2. 最大风筝表演赛

3. 最佳滚地龙风筝表演赛(直径 20 米以上)

---

① 本案例来自中国风筝协会官网，见《关于印发 2019 年第 15 届世界风筝锦标赛竞赛规程的函》(中国风协会〔2019〕17 号)附件。

4. 龙串类风筝表演赛(中型以上)

六、参赛办法

(一)各国家或地区、各省、自治区、直辖市、计划单列市、行业体协及风筝协会、俱乐部均可组队参加。运动风筝比赛按报名先后顺序录取20支代表队。

(二)每队限报4人，超过限定人数食宿自理。

(三)竞赛项目(运动风筝项目除外)每队每项限报2只风筝；表演项目所报风筝数量不限。报名、报项一经确定不得更改。

七、竞赛办法

竞赛项目和特色风筝表演项目参照中国风筝协会2016年版《风筝竞赛规则与裁判法》执行。

(一)双线、四线运动风筝团体芭蕾赛参照《国际运动风筝竞赛规则与裁判法》执行。参赛选手不得少于3人，参加双线、四线团体芭蕾赛运动员可兼项。

(二)创新风筝赛将根据风筝式样的新颖、扎制材料、装饰工艺的创新突破情况评分。模仿、仿制的风筝不能参加该项比赛。

(三)优秀传统风筝赛将根据风筝的绘画、造型、材质及空中表现等因素进行综合评分。

(四)最佳空中效果赛将根据风筝的造型、动态、色彩、空中远近效果等因素进行综合评分。

(五)最佳软体造型(挂件)风筝赛将根据挂件的面积尺寸、数量、形态、空中效果等因素综合评分。

(六)特色风筝表演主要根据尺寸大小、长度、色彩、空中效果评分。

参赛运动员须按大会规定的比赛时间，提前15分钟到风筝比赛项目区域检录处检录，运动员上场比赛必须佩戴大会发给的风筝号码布。

八、录取名次和奖励办法

(一)录取名次

1. 打斗风筝赛按成绩录取前四名。

2. 双线运动风筝团体芭蕾赛按成绩各录取前三名。

3. 四线运动风筝团体芭蕾赛按成绩各录取前三名。

4. 创新风筝赛设一等奖5名、二等奖12名、三等奖15名。

5. 优秀传统风筝赛设一等奖5名、二等奖12名、三等奖15名。

6. 最佳空中效果风筝赛设一等奖5名、二等奖20名、三等奖24名。

7. 最佳软体造型(挂件)风筝赛设一等奖5名、二等奖20名、三等奖24名。

8. 特色风筝表演设优秀风筝放飞表演奖若干名。

(二)奖励办法

1. 向获得各项目前三名和一、二、三等奖的运动员颁发奖牌。

2. 向获得各项目优秀风筝放飞表演奖的运动员颁发奖杯。

九、报名

1. 各风筝代表队队员年龄为18～70岁，性别不限。不满18周岁或超过70周岁的人员不准参加。

2. 每名参赛运动员必须购买人身意外保险，并出具县级以上医院的身体健康证明，在报名时，提交上述材料。

3. 请各队于4月10日前将按要求填写的报名表传真至本届锦标赛组委会。

4. 收到报名确认函和正式邀请函后，请速报参赛人员姓名、性别、年龄、职业、身份证号码、往返时间。

5. 各队报名后三日内未接到组委会通知，则参会名额已满。

(联系方式略)

十、报到和离会

(一)参赛队于2019年4月19日17点前报到，组委会负责在青岛机场、潍坊机场及潍坊火车站、潍坊汽车站接站。请及时将抵达信息电告组委会。

(二)各队于4月23日上午12时前离会。

(三)提前报到或推迟离会的费用自理。

十一、经费

参赛队差旅费自理，组委会负责各参赛队规定人数内的人员在比赛期间的食宿费和往返赛场的交通费。

十二、本规程未尽事宜，另行通知。

附：2019年第15届世界风筝锦标赛报名表(略)

点评：该方案结构完整，条理清晰，细节部分可再完善。

■行动

1. 一年一度的女生节，是各大高校的盛大节日。请为你校女生节撰写策划方案。

2. 请列举下列不同类型节事活动的典型策划案例，分析其成功之道。

(1)商品特产类节事活动：如宁波国际服装节、青岛啤酒节等。

(2)民族风情类节事活动：如火把节、泼水节等。

(3)自然景观类节事活动：如长春滑雪节、桂林旅游文化节等。

(4)民俗类节事活动：如庙会等。

(5)娱乐文化类节事活动：如选秀节目、颁奖晚会等。

(6)体育赛事类节事活动：如奥运会、世界杯足球赛等。

■反思

1. 改革开放以后，各地区根据各自的实际情况，人为创造出了各种节庆活动，如长沙“夜星城”消费节、广东“汽车消费节”等。请思考：如何策划与运作消费节这样的大型节事活动?

2. 客户体验管理(MOT)是用来帮助企业落实以用户为中心的理念。所谓

MOT，即 Moment of Truths，含义为“真实瞬间”，指的是顾客和企业产生交集的每一个接触瞬间所形成的对企业的品牌、产品和服务的印象。

根据该理论策划节事活动，应注重在活动中制造认知瞬间、欣喜瞬间、荣耀瞬间、连接瞬间等，提升活动区分度和辨识度，大幅提高客户满意度。

请登录央视网，欣赏 2008 年北京奥运会点火瞬间，感受 MOT 的魅力，并思考如何从客户满意度出发设计节事活动。

>> 任务六　签约仪式文案撰写 <<

■知识学习目标

1. 了解签约仪式的概念和流程。
2. 熟悉签约仪式策划方案的内容及要求。
3. 熟悉签约合同的结构及要求。

■技能素养目标

1. 能撰写签约仪式策划方案。
2. 能撰写签约合同。
3. 具有爱岗敬业、踏实肯干、良好的服务意识。

■问题

“国际教育游学展”展会项目顺利开展数届，随着市场的变化，王总监向董事长建议，可以通过与相关企业建立合作关系，进一步扩大展会影响力，把展会品牌做大做强。董事长同意后，王总监多次考察数个相关企业，最终选择了其中最为合适的一家，计划建立合作关系，双方经过多次洽谈后，最终确定了签约的时间。

请思考：签约仪式要如何安排，有哪些需要特别注意的事项？签约仪式的文案如何撰写？

■认知

一、签约仪式的概念与流程

签约仪式通常指订立合同的各方在合同正式签署时举行的仪式。签约仪式是一种比较隆重的活动，签字人、助签人员、随员等在出席此类仪式时，服饰仪表应整洁朴素，仪态庄重，友好大方。签约仪式的流程如下。

宣布开始：由主持人宣布开始，签字人在各自座位上就座。

签署文件：助签人员把所需签字的文本打开，用手指明具体的签字处，交签字人签字并盖章。

双方文本签完后，签字人起立离开座位，双方郑重地交换文本。同时握手致意，互致祝贺，照相纪念。

签约仪式后，通常还会有小型酒会以及记者招待会或新闻发布会。

二、签约仪式策划方案的写法

(一)结构

标题＋正文＋落款。

(二)条目

1. 标题

签约仪式的名称＋文种，如“××××合作洽谈会签约仪式策划方案”。

2. 正文

(1)时间、地点

时间由各方协商而定，地点一般选在东道主所在地或第三地。

(2)参加对象

签约仪式上最重要的角色是签字人。签字人可以是双方参加谈判的主谈人，也可以是更高级别的领导。确定签字人员一般考虑的是具有代表一级政府或某个组织的法定资格，如企业之间的合同签约，必须是法定代表人签字。双方签字人员讲求身份对等。

助签人是指在签字过程中协助签字人翻揭文本，指明需要签字之处的工作人员。助签人需参与文本的整理和制作，熟悉业务，认真仔细，忠实可靠。特别是涉外签字文本，较为繁复，一旦错签、漏签，文本就会失效。双边签字，应事先商定双方助签人；多边签字，可由主方选派一名助签人。

签约仪式还涉及主持人、见证人、群众代表、媒体记者等。

(3)文本准备

签约仪式中的文本主要指合同。要在正式仪式之前，做好合同的定稿、翻译、校对、打印、装订、盖章等细致的准备工作，不能将“半成品”或有异议的文本交付使用。

(4)现场布置和物品准备

签约场地通常选择较宽敞的厅室，按照会谈现场的形式进行布置。布置的原则是庄重、整洁、清净。一间标准的签字厅，应当室内铺满红色地毯，设置专用签约桌，其他陈设免去。

我国的签约仪式通常使用长方桌一张，横放在室内，桌面铺设墨绿色绒布或呢布，桌上两端摆放席位牌、待签文本、签字笔等。国际签约仪式上，需在签字桌中间摆放旗架，悬挂签约双方国旗。

签双边合同时，桌后面并列摆放两张座椅供签约人就座，座位之间有1.5米左右的距离。如果各方多人签约或在多项文本上多人签字，可以仅放一张座椅，供各方签字人签字时轮流就座，也可为每位签字人准备一张座椅。

签字桌背墙上可悬挂“××项目签约仪式”字样的横幅或设置背景墙。签字桌的前方应开阔、敞亮，保证灯光，方便媒体记者拍照摄影。

事先准备好祝酒时用的香槟酒、酒杯等。

(5)签字仪式程序

①参加签约仪式的双方代表及特约嘉宾按时步入签字仪式现场。

②签约者在签约台前入座，其他人员分主、客各站一边，按其身份自里向外依次由高到低列队于各自签约者的座位之后。

③双方助签人员分别站立在己方签约者的外侧。

④签约仪式开始后，助签人员翻开文本，指明具体的签字处，由签字人签上自己的姓名，并由助签人员将己方签好字的文本递交给对方助签人员，交换对方的文本再签字。

⑤双方保存的协议文本都签好字以后，由双方的签字人本人郑重地相互交换文本，同时握手致意、祝贺，双方站立人员同时鼓掌。

⑥协议文本交换后，服务人员用托盘端上香槟酒，双方签约人员举杯同庆，以增添合作愉快的气氛。

⑦签约仪式结束后，双方可共同接受媒体采访。退场时，可安排客方人员先走，主方送客后自己再离开。

(6)人员安排

签约仪式的人员包括助签人、签约人、主持人、见证人、群众代表、媒体记者，以及机动服务人员等。

(7)经费预算(略)

3. 落款

落款写署名和日期。

(三)要求

签约仪式涉及双方合作关系，在做策划方案时务必考虑全面、安排细致，特别是对各个环节的安排、人员分工等。

三、签约合同的写法

(一)结构

首部+正文+尾部。

(二)条目

1. 首部

首部包括合同的名称、合同各方当事人的身份情况、合同订立的依据目的。

2. 正文

(1)合同规定的主要条款

包括合同标的、数量、质量、价款、报酬、履行期限、履行地点、违约责任、解决争议的方法等。

(2)其他条款

包括合同的有效期限、合同的份数、页数等。

3. 尾部

尾部是各方当事人的签名盖章，写明合同订立的时间。

有的合同还会有公证人或见证人员写明公正、见证意见并签名盖章。

(三)要求

合同是签约仪式的关键要素，内容要规范，要素要齐全，应以精美的白纸印刷而成，按大 8 开规格装订成册，并以高档材料，如真皮、金属、软木等作为封面。

■案例

××××签约仪式策划方案

一、签约时间、地点、主持人

时间：(略)

地点：(略)

主持人：(略)

二、签约双方

甲方：(略)

乙方：(略)

三、参加人员、职务(略)

四、签约仪式流程安排

1. 主持人开场白，介绍主要来宾和领导。

首先，我代表××××，对各位代表的到来表示最热烈的欢迎和最诚挚的问候！感谢各位对××××签约事宜的关注、指导和支持。

2. 政府领导致辞。

3. 甲方签约代表致辞。

4. 乙方签约代表致辞。

5. 主持人介绍签约项目的基本情况。

今天在此签约的项目是××××(介绍项目的基本情况)。此次签约是双方代表携手共进、真诚合作、共谋发展的结果。现在，我宣布××××签约仪式开始！有请甲方代表×××、乙方代表×××上主席台！(礼仪小姐引导双方代表上主席台。)

6. 签约开始，由礼仪小姐引导并摆放签约文件夹、笔等。

(1)双方共同进入会场，相互致意握手，同时入座。

(2)礼仪小姐协助签字人员打开文本，用手指明签字位置。双方代表各在己方的文本上签字，然后互相交换，在对方文本上签字。

(3)签字完毕后，双方同时起立，交换文本，握手祝贺合作成功。

其他随行人员以热烈的掌声表示喜悦和祝贺。

主持人：让我们再次以热烈的掌声祝贺××××的顺利签约！

7. 签约仪式结束，开酒庆祝。

五、主要筹备工作

1. 确定签约人、礼仪小姐及参加仪式的主要来宾和领导。(×月×日之前完成，责任人：××)

2. 会场确定及会场布置：会场确定、横幅及背景板制作、桌签、签约本、会场内摆放鲜花、贵宾胸花、香槟酒及酒杯、预约礼仪小姐(需6位礼仪小姐：2位负责贵宾签到、佩戴胸花，2位引导入场，2位引导签约人签约)。(×月×日之前完成，责任人：××)

3、摆放签约夹，具体负责到个人。

六、会场布置

1. 签约仪式标题“××××签约仪式”。

2. 签约台以暗红色平绒布铺底，上面摆放小型鲜花、桌签，签约台正向右侧安排主持人席，并配话筒，台前摆放小型绿色盆景。

3. 会场安排：领导座次的安排，安排座位×个。签约台后留有余地，供礼仪小姐站立。

4. 音响和放映设备、现场的音乐选择。(略)

5. 室外布置。这是营造一个热烈气氛的先导，设置一些横幅、竖幅，2个飘空气球、1个拱形门。

6. 横幅内容：

热烈欢迎参加××××签约仪式的各位领导、来宾！

热烈祝贺××××签约仪式圆满举行！

7. 拱形门：××××签约仪式

七、其他

1. ×月×日之前落实签约文本及人员。

2. 安排迎候签到及签到册。(×月×日之前完成，责任人：××)

3. 确定主持人和领导讲话及讲话稿。(×月×日之前完成，责任人：××)

4. 准备签约文件夹、笔6支。(签约文本由各签约单位自备2份)(×月×日之前完成，责任人：××)

5. 横幅及背景板制作，准备飘空气球、拱形门。(×月×日之前完成，责任人：××)

6. 制作桌签，打印领导名字，准备鲜花、矿泉水。(×月×日之前完成，责任人：××)

7. 准备话筒架及话筒、音响和放映设备。(×月×日之前完成，责任人：××)

8. 准备贵宾胸花、香槟酒及酒杯、暗红色平绒布。(×月×日之前完成，责任人：××)

9. 预约媒体。(×月×日之前完成，责任人：××)

八、所需物资资金预算

横幅2条、背景板1张、桌签1个、黑色签字笔6支、签约本2个、桌面鲜花篮(仿真)×个、贵宾胸花×个、香槟酒×瓶、酒杯×个、暗红色平绒布1张、矿泉水×箱、话筒架及话筒×个、音响和放映设备1套、飘空气球2个、拱形门1个等。

××××签约仪式程序

时间：

地点：

主持人：

与会嘉宾：

邀请媒体：

活动流程：

10：00	贵宾以及邀请媒体到场签到，礼仪小姐为贵宾佩戴胸花，并同时向媒体派发新闻通稿
10：30	主持人宣布××××签约仪式开始，介绍与会嘉宾、媒体，并表示感谢
××	政府领导致辞
××	甲方领导致辞，乙方领导致辞
××	主持人介绍签约项目的基本情况，宣布双方代表正式签约，由礼仪小姐摆放签约文件夹、签字笔
××	签字完后交换文本、相互握手、全体人员共同举杯庆贺(酒具用品)
××	主持人宣布签约仪式圆满结束，来宾退场

新闻发布会前期工作流程(时间推进表)

T-4日

- 成立活动运作小组
- 小组成员分工
- 人员邀请
- 拟定嘉宾、记者及特约来宾名单
- 确定嘉宾、记者及特约来宾名单
- 制作、打印请柬，并确认无误
- 领导电话联系重要嘉宾
- 确定邀请主持人

- 电话联系记者及来宾
- 部分嘉宾、记者及来宾请柬送达
- 产品、企业、活动资料、宣传片准备

T-3 日

- 人员邀请
- 所有邀请嘉宾、记者、来宾沟通完毕
- 重点嘉宾请柬送达完毕
- 活动管理
- 参加领导落实
- 会议主持人、致辞人落实
- 会场确定、落实
- 礼品确定、落实
- 展示地确定
- 与协作单位联系，贵宾台卡落实(按名单准备)
- 条幅、彩虹门、会标尺寸、内容、制作厂家、完成时间落实
- 巨幅彩喷画尺寸、画面、制作厂家、完成时间落实
- 话筒、指引牌落实
- 鲜花嘉宾卡落实
- 展架落实
- 其他物品落实(礼品、招待烟、打火机、烟灰缸、矿泉水)
- 领导讲话落实(指定人员)
- 礼仪小姐落实
- 保安人员落实

T-2 日

- 人员邀请
- 最终确认邀请嘉宾、记者、来宾到会情况
- 视情况补充嘉宾并落实
- 活动管理
- 布置会场

会场悬挂横幅。签字桌的座位面对正门，主左客右，双方的助签人员分别站立于各方签字的外侧，其任务是翻揭待签文本，并向签字人指明签字处，双方其他参加签字仪式的人员则分别按一定的顺序排列于各方签字人员之后。签字仪式的现场布置：在签字厅内设一签字桌，桌面覆以台布，桌后放两把椅子，为双方签字人座位，主左客右。座前摆放双方保存的文本。文本前面摆放签字文具。桌子中间摆放鲜花。参加仪式的其他人员，按身份顺序排列于各自签字人员的座位之后。双方助签人员分别站立在各自签字人员的外侧。(详见图示)

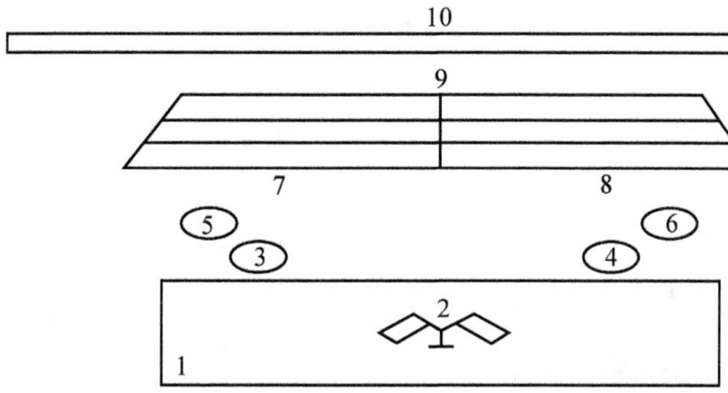

1. 签字桌　　6. 主方助签人
2. 双方国旗　　7. 客方参加人员
3. 客方签字人　　8. 主方参加人员
4. 主方签字人　　9. 梯架
5. 客方助签人　　10. 屏风(背景板)

- 所有准备物品在 T-1 日 12 时之前必须到位
- 与协作单位联系，最终落实所有准备工作，T-1 日 12 时之前必须到位
- 人员分工落实

T-1 日

- 9：00(北京时间)

工作人员到位

协作单位工作人员到位

完成各项准备工作

- 9：30(北京时间)

主席台安装完毕

音响调试完毕

会场氛围布置到位

气球、彩虹门升起

签到台布置

会标、条幅、巨幅彩喷画到位

贵宾休息室布置到位，配好招待烟、打火机、烟灰缸、矿泉水

工作人员(含礼仪小姐)到位，按分工配合完成各项工作

会议备品准备到位

活动物品检查

人员检查

物品检查

资料检查

礼品检查

会场检查

全程摄影、摄像协调
签到
嘉宾签到(佩戴胸花)
媒体签到(佩戴胸花)
会场引导
资料分发
来宾报到，迎接(发礼品券)
茶歇/欣赏宣传片/(备用两个会议室)
嘉宾、记者分别入座(专人引导)

- 10：30(北京时间)　合作签约仪式
- 11：30(北京时间)　午宴

邀请人员名单：

	姓名	单位	职务	联系人	备注
政府嘉宾					
新闻媒体					
协作单位					

物料清单：

物料名称	数量	置放地点	负责部门	完成时间	备注
主席台					
主题会标					
气球					
气球条幅					
彩虹门					
彩虹门条幅					
彩旗					
主席台桌椅					
记者席座椅					
演讲台					
有线话筒					
无线话筒					
主席台鲜花					
鲜花嘉宾卡					
音响					
贵宾台卡					

续表

物料名称	数量	置放地点	负责部门	完成时间	备注
请柬					
签到簿					
签字笔					
报到签字台					
指引牌					
礼品					
招待烟、酒					
矿泉水					
主持词					
领导讲话					
企业宣传片					
展架					
资料袋					
休息室茶、水果					

注：签字仪式时长大约 30 分钟。

点评：此份策划方案对签约仪式的各项工作和程序做了细致安排，但缺少经费预算部分的内容。

■行动

1. A 公司与 B 公司在下周三有个 1000 万元的大合同要签。请你撰写签约仪式的策划方案与主持词。

2. A 公司要与 B 公司、C 公司、D 公司、E 公司签约，请你撰写签约仪式的策划方案与主持词。

■反思

一场成功的签约仪式需要合适的背景音乐，那么什么样的乐曲适合在签约仪式上播放呢？以下是常用的一些背景音乐：《旧友进行曲》《Santorini》《欢迎进行曲》《七剑战歌》。

>> 任务七　发布会文案撰写 <<

■知识学习目标

1. 了解发布会的概念与流程。

2. 掌握发布会策划方案的写法。

■技能素养目标

1. 能正确理解发布会的内容及要求。

2. 能撰写发布会策划方案。

3. 具备文化自信。

■问题

“国际教育游学展”展会项目与某知名企业建立了合作关系，并签订了相关协议。双方签订合作协议后，共同召开了一场新闻发布会。活动场地选择在当地一家知名酒店，在宣传推广方面也下足了功夫，邀请了众多知名媒体，力求让新闻发布会达到最好的效果。

请思考：一场成功的发布会需要做哪些工作准备？发布会的策划方案怎么撰写？

■认知

一、发布会的概念与流程

发布会是一种主动传播各类有关信息，谋求新闻界对某一社会组织或某一活动、事件进行客观公正报道的沟通方式。

发布会现场流程如下：迎宾、签到、分发资料、发布会举行。

二、发布会策划方案的写法

（一）结构

标题＋正文＋落款。

（二）条目

1. 标题

标题中要点明发布会的主旨内容，如“某企业 2014 新品发布会”。或用正副标题法，正题体现企业想要表达的主要含义，副题说明发布会的内容，如“海阔天空——五星电器收购青岛雅泰信息发布会”。

2. 正文

(1)介绍发布会的目的和意义。

(2)明确发布会的时间和地点。发布会在时间选择上要避开重要的政治事件和社会事件，还要避开重要的公共假期和民俗节日。同时尽量错开周一和周五，安排在周二、三、四的上午 10 点至 12 点，下午 3 点至 5 点为宜。

场地可以选择在户外，也可以选择在室内，根据发布会规模的大小而定。室内发布会可以直接安排在企业的办公场所或者选择在酒店，同时考虑地点的交通便利与易于寻找。包括离主要媒体、重要人物的远近，交通是否便利，停车是否方便等。

(3)嘉宾邀请和观众组织。

(4)主持人、发言人身份和姓名。举办新闻发布会，一般由单位指定的发言人发布信息，回答记者提问。发言人对公众认知会产生重大影响，如其表现不佳，公司形象无疑会受到影响。因此，事先确定好发布会的发言人至关重要。

(5)发布会流程。发布会需注意安排好会后跟进工作，如主办单位致参与单位的感谢信函、收集媒体报道等。

(6)现场工作人员的组织和分工。

(7)会场布置。会场布置既要符合发布会的性质，又要有时代感和美感。布置会场时，还需考虑会议厅容纳人数、主席台的大小、投影设备、电源、布景、胸部麦克风、远程麦克风、相关服务等。要充分考虑电视摄影记者的工作需要，不要有太多镜子等反射背景，防止损害镜头效果。外围布置包括室外横幅、竖幅、飘空气球、拱形门等。一般在大堂、电梯口、转弯处设置导引指示欢迎牌，组织礼仪小姐迎宾。如果在企业内部召开发布会，也可安排企业工作人员做记者引导工作。

(8)资料准备。认真准备好发布会所需的各种资料，以广告手提袋或文件袋的形式，在会前分发给记者，供他们写新闻稿时参考。

提供给媒体的资料一般包括：会议议程、新闻通稿、演讲发言稿、发言人的背景资料介绍(包括头衔、主要经历、取得成就等)、公司宣传册、产品说明资料、有关图片、纪念品、企业新闻负责人名片、空白信笺、笔等。要注意，中央级综合性媒体的报道更注重从大背景、大主题、大角度切入，而都市类媒体更多地从易于被百姓熟知和接受的小角度切入。因此，公关公司在准备新闻稿的时候，至少要有3～5个版本，保障丰富的新闻素材供给。

(9)经费安排。

3. 落款

落款写制定策划方案的单位及成文日期。

(三)要求

要根据发布会的主题确定风格，注意细节。策划方案既要力求创新，也要实事求是，切实可行。

■案例

××××发布会策划案

一、活动主题：××陪伴百分百——××携手一路前行发布会

二、主办单位：××教育集团、××保险集团

三、活动目的

通过两大集团的合作实现资源有效的整合，为客户提供更加全面有效的增值服务，提升双方在同行业领域的品牌形象。同时奠定××教育集团在教育领域的领军形象，全面促进××保险集团的业务拓展和品牌建设。

四、活动时间：20××年×月×日

五、活动地点：××酒店

六、活动规模：参加人数500人

七、活动预算：5万元

八、推荐产品

1. ××保险承保××教育集团全部教育产品质量(客户学习不满意无条件退款)。

2. 用户购买××保险(儿童保险)均享受××教育指定的免费学习课程。

3. ××教育集团学员根据购买课程情况免费赠送全年××保险(儿童保险)。

4. ××保险儿童保险：儿童重疾保障、儿童健康、少儿重疾(含轻症)、少儿意外(含救援)。

九、市场现状

目前教育与保险两大行业与人们生活的关联越来越密切，素质教育的培养模式和目前各类考试的需求，使得课外辅导机构备受关注。而保险作为保障生活、规避风险、获得收益的重要途径，也处于蓬勃发展的态势中。教育与保险的结合此前并不广泛，市场亟须开发一种二者相结合的模式，为教育课程增加保险保障，参与保险的同时获得教育福利。

十、合作基础

××教育集团成立至今已有××年，拥有××所分校，在校学员达××××余人，拥有强大的师资和优秀的成绩，在当地具有良好的口碑和广泛影响力。××保险集团是全国七大保险集团之一，是全国性专业寿险公司，资金实力雄厚，专业度高，品牌信誉佳。二者强强联合，势必在当地产生巨大影响力，能够有效进行资源共享，实现合作双赢。

通过与保险公司合作全面提升教育集团品牌形象，增强用户对企业的关注及认可程度，势必在当地教育行业中产生震动，有效增加生源及提高教育产品价值。保险公司为自己的保险客户增加教育保障，不但提升了自己的产品形象，同时也有效增加了产品销售，提升了收益。

十一、活动环节

1. 播放宣传片

播放双方各自的宣传片，使参会人员对两家企业有较为深入的了解。

2. ××陪伴百分百——合作计划诞生记

以时间为线索，梳理××教育集团和××保险集团合作的点滴进程(可以以VCR形式、故事讲述形式等介绍)，让观众完整地了解双方合作的基础，从而对该项目更加信任。

3. ××贺新春，福袋有好礼

将推出的产品写在红纸上，装进福袋中，邀请双方企业领导人上台拆福袋，揭晓即将推出的福利产品。

4. 有奖问答

准备一些有关两家企业发展、合作、产品等知识的小问题，在屏幕上显示，台下举手抢答，答对者现场赠送礼品一份。

5. 签署合作协议

双方领导在现场签署合作协议，握手达成。

6. ××多幸运，抽奖乐不停

(1)抽奖方式

大屏幕滚动座位号码，抽奖嘉宾喊停抽取幸运观众。

(2)抽奖环节奖项设置

一等奖：1名，价值××××元的礼包(保险产品+教育产品+实物奖励)。

二等奖：2名，价值×××元的礼包(保险产品+教育产品)。

三等奖：3名，价值×××元的礼包(保险产品或教育课程体验)。

幸运奖：10名，精美纪念品一份。

十二、建议互动环节

1. 可在开场前组建微信群，以发红包的形式有效吸引粉丝，起到热场作用，同时后期在该群内推送相关产品信息，注重日常维护，增强客户黏性。

2. 可以邀请××教育学校艺术类学员进行才艺展示，使得整体发布会形式更加丰富。

十三、预算分配(根据具体情况制订)

场地费用：略

租赁设备费用：略

奖品费用：略

宣传物料费用：略

热场红包费用：略

主持人相关费用：略

现场所需饮用水等费用：略

点评：该发布会方案基本完整，但是写作格式尚有欠缺，细节部分有待完善，有关经费预算及使用情况不明确。请同学们思考，还有哪些有待改进之处。

■行动

1. 校园毕业展即将开展，为加强宣传，扩大声势，现决定召开一场新闻发布会，请你撰写发布会的策划方案。

2. 请你谈谈给你印象最深的一场新品发布会，分析该场发布会的成功之道。

■反思

发布会是讲给谁听的？评判一场发布会的成败，仅仅看是否有创意，是否体现出创新吗？请登录华为官网，欣赏“2020智能协作新品发布会”，思考为何该场发布会设置了若干环节，安排了不同的演讲者，以及发布会如何兼顾了不同受众的多样需求。

项目三　展览执行文案

>> 任务一　展会招展类文案撰写 <<

■知识学习目标

1. 了解招展方案的结构及要求。

2. 掌握招展函的结构及要求。

■技能素养目标

1. 能识别招展的工作内容。

2. 能撰写招展函。

3. 做到爱国、敬业、诚信、友善。

■问题

公司将“国际教育游学展”项目的运营工作交由王总监全面负责。作为项目总监，他要协调好公司内部招展与外部招展代理之间的关系。会展公司、相关协会和商会、有关媒体、个人、国外驻华商务处、贸易代表处都可成为会展招展招商代理。

假设王总监想请某公司、协会和商会或媒体作为招展代理，请思考：他应当从哪些方面对代理进行资质考核？选定招展代理后，如何开展招展工作？请编制招展方案。

■认知

一、招展方案的概念

招展方案是在招展策划的基础上，为展位营销而制定的具体执行方案。招展方案是对展会招展工作的整体规划和总体部署，是展会策划诸多方案中的核心方案之一。招展方案具有强烈的计划性和实务性，具体交代工作的步骤、样式，并对总体目标进行逐一分解，是方案实施的唯一参考指南。

二、招展方案的写法

(一)结构

标题＋目录＋正文＋尾部。

(二)条目

1. 标题

完整式：发文机关＋事由＋文种，如“××博览会秘书处关于第×届博览会招展方案”。

省略式：会展项目名称＋文种，如“××展会招展方案”。

2. 目录

编制目录便于查阅。

3. 正文

(1)展会基本信息及背景

简要介绍展会名称、宗旨、主题、日期、地点、面积、规模以及办展机构等基本信息。

回顾展会历史成果和阐述当前背景。宏观上分析展览题材所在行业在全国的分布特点、产业发展状况、企业结构及分布情况等。

(2)展区和展位划分

招展方案中，要重点介绍对展区和展位的划分和安排情况，附上展区和展位划分平面图。

一般按专业题材划分展区，注意统筹兼顾，合理安排展会的功能服务区域，提高展会档次，保障参展商展出效果，利于观众参观以及展会现场管理和现场服务。

(3)招展价格

招展价格是招展方案的核心部分，直接影响招展工作。确定一个合理的价格既能为展会带来经济效益，又能使招展工作顺利进行。

制定招展价格一般采用成本导向定价法(包括成本加成定价法、边际成本定价法和目标利润定价法)、需求导向定价法(包括市场认可价值定价法、需求差别定价法和需求心理定价法)、竞争导向定价法(包括随行就市定价法、渗透定价法和投标定价法)。

执行招展价格时应注意严格执行价格及价格折扣标准；加强对招展代理的招展价格管理；避免在招展末期低价倾销展位；严格控制差别折扣和特别折扣的适用范围。

(4)招展分工

对招展工作进行分工安排，包括招展单位分工安排、单位内部分工安排、招展地区分工安排等。

几个单位共同举办一个展会必须共同遵守的招展原则；各招展单位的计划招展面积；各单位负责的招展地区和重点目标参展商；展位费的收取办法；如何具体安排各参展商的具体位置；等等。

单位内招展人员及其分工安排，需确定招展人员名单，明确各招展人员负责招展的地区范围和重点目标客户名单，制定各招展人员的信息沟通和工作协调办法，制定统一安排展位的措施。

(5)招展代理

招展方案需对展会招展代理的选择和管理作出安排，确定代理佣金以及代理招展的地区范围与权限。

①招展代理的种类及佣金(表 3-1-1)

表 3-1-1　招展代理的种类及佣金

种类	含义	代理佣金
独家代理	某一时期内将某一地区的招展权赋予某一家代理商独家负责，没有其他代理单位，本招展单位也不得在该地域内招展。业务范围较大，要完成一定数量的招展任务	一般按办展机构实收到的、由该代理商招来的参展商所交的参展费总额的15%～20%的比例提取，可上下浮动 5%～10%
排他代理	某一时期内将某一地区的招展权赋予某一家代理商负责，没有其他代理单位，本招展单位可在该地域内招展	
一般代理	在同一地区内同时委托几个代理商，本单位也可在该地区招展。需明确各代理商的招展权限	
承包代理	代理商承包一定数量的展位，不论能否完成约定的展位数量，代理商都得按商定的展位费支付给本单位	完成承包展位数量后提取25%或更高的佣金

②对招展代理的资质考察

对招展代理的资质考察，需按照对象，考察不同事项(表 3-1-2)。

表 3-1-2　招展代理考察对象及考察事项

考察对象	考察事项
公司	过去的代理业绩、其熟悉的行业和业务范围、业务覆盖地域、营业执照、人员数量、业务规模、办公地点和负责人等
协会、商会	成立的时间、覆盖的地域、会员数量、对行业内企业的感召力以及批准成立的单位等
媒体	发行量的大小、发行覆盖的地域、在行业内的权威性、对行业内企业的感召力和影响力等

续表

考察对象	考察事项
个人	可靠性和信誉度，核实身份、履历经历、业务能力和道德品质等
国外代理	业绩、公司注册证件、个人有效证件和实力等

③聘用代理的程序

取得必要的证明资料，对代理商进行资质验证→展会项目经理或业务员初步与代理商议定代理条件，项目总监或经理审查代理条件→公司负责人(总经理或副总经理)批准代理条件，签订代理合同。

④招展代理风险控制

招展代理是做大做活招展业务的有效手段，但也存在一定风险。多头对外有可能导致招展条件不一致、招展价格有差异、对外口径不统一、代理商欺骗客户、办展机构的声誉和形象受损、收款和展位划分混乱、展位临期空缺等风险。故需对招展代理制定相应的管理规范。可采取以下手段。

招展价格的控制：办展机构给予代理商的佣金和准许代理商给予参展商的折扣要分开，代理商无权给予参展商折扣价格。

参展商的参展费：原则上代理商不得直接收取参展商的参展费及其他一切费用。

收款与展位划定：代理商无权划位，如确有必要，需书面建议并由办展机构书面答复确认。

(6)招展宣传推广

招展方案中要设计招展宣传推广的策略、渠道、时间、地域等安排以及费用预算等。

①策略

招展宣传推广的策略包括宣传推广的出发点、主题、亮点，力求突出展会的个性化特色，体现客户利益。

②渠道

招展宣传推广的渠道包括召开新闻发布会、投放杂志广告、邮寄资料、同类展会上推广、网上宣传推广，以及通过协会、商会、外国驻华机构、我国驻外机构等推广。

③时间和地域

招展宣传推广的时间和地域安排需与招展的实际工作紧密配合，走在招展工作之前，造声势、造知名度。同时注意时间上要连贯，地域上要因地制宜，避免相互冲突。

(7)展位营销方法

招展方案中要提出适合展会展位营销的渠道、具体办法和实施措施，部署招展人员的具体工作。

一般采用招展价格折扣吸引参展商，这是办展机构给予参展商或者招展代理的一种价格优惠，其主要目的是吸引更多的企业参加展览。如表 3-1-3 所示。

表 3-1-3　展会价格统一折扣示例

标准展位数	展位面积(m^2)	折扣
2 个及以下	18 及以下	不给予任何折扣
3～5 个	27～45	5%
6～8 个	54～72	10%
9～11 个	81～99	15%
12 个及以上	108 及以上	20%

制定折扣策略，一般遵循统一折扣、差别折扣、位置折扣、特别折扣等原则。

同时还要注意有形产品营销与无形服务营销的结合，包括产品、价格、渠道、促销、人、有形展示和过程七个营销要素。

(8)招展预算

对各项招展工作的费用作出预算。

①招展人员费用，包括工资、加班费、差旅费、办公费等。

②招展宣传推广费用，包括各类支持宣传推广的活动费用。

③招展代理费用，即代理佣金。

④招展资料费用，包括设计、编印、邮寄费用。

⑤招展公关费用。

⑥招展硬件费用，包括电话、传真、耗材等费用。

⑦其他费用，不可预见。

(9)招展进度安排

对各项招展活动在时序和效果上作出规划和安排，回答何时开展何种活动、完成哪些阶段性工作指标、由谁负责等。一般按照以下时间安排招展工作。

开幕前 12 个月：招展工作开始，铺开有针对性的招展宣传推广活动，使行业内对该展会有一定的认知。

开幕前 9 个月：招展推广活动大规模实施，招展宣传推广活动转为对招展活动的直接支持性宣传，招展工作有一定的实际效果。

开幕前 6 个月：重点客户拜访工作基本结束，招展宣传推广活动范围缩小，目标更明确，展会招展任务完成大半。

开幕前 3 个月：展会招展任务基本完成，招展工作转为落实和巩固前期招展成果，实施各种客户跟踪服务，为展会顺利开幕做准备。

还需对招展函的内容、编制、发送范围与方法作出安排。

4. 尾部

落款写明主办者或组委会的名称和成文日期。

(三)要求

1. 可行性

强调可操作性和应用性，对招展工作有切实有效的指导意义，满足具体招展机构的需要，不能浮于表面、照搬照抄。

2. 专业性

信息表述准确，展区展位划分、价格制定等具有专业性。

三、招展函的概念

招展函是办展机构招揽目标参展商参展的文书，是展位营销的核心资料。其作用是向目标参展商说明展会的相关信息，激发参展兴趣。

四、招展函的写法

(一)结构

封面＋标题＋称谓＋正文＋尾部＋附件。

(二)条目

1. 封面

招展函属于商务信函，封面以会展项目活动名称、主题、主办机构、时间、地点五项内容为主。

2. 标题

公文式：会展项目＋文种，如“××博览会招展函”。

3. 称谓

招展函发送给单位的，写明单位名称；发送给个人的，写个人姓名，冠以敬辞，如“尊敬的×先生(女士)”。网络、报刊公开发布的招展函，采用泛称，如“各位参展商和采购商”“各相关企事业单位”“敬启者”等。

4. 正文

正文尽量简单明确，突出展会的亮点与特色，分为以下几个部分。

(1)基本信息——“参加什么”

①办展背景与目的。

②名称。

③标志。

④展会时间地点。

⑤办展机构名单。

⑥展品范围。

(2)特色亮点——“为何参加”

①市场前景。

②通过分析行业内同类展会的举办情况，突出本展会的特色与定位，介绍展会的历史及发展、历届展会评估意见等。

③相关活动。

④参展服务。

⑤收费标准。

(3)具体安排——“如何参加”

①参展手续。

②付款方式。

5. 尾部

尾部是展会组织机构盖章，注明发布时间。

6. 附件

①参展申请表。包括：参展单位的基本情况，如名称、性质、地址和联系方式等；展品的名称、性质和数量；拟租展位的规格、数量、展位费(如缴纳租金后再确认其参展资格，可要求填写付款方式和日期)；提交申请表的方式(邮寄、传真或网上提交)和截止日期；备注条款。

②展位分布平面图。

③管理规定、合同。

(三)要求

1. 内容准确，有吸引力

招展函是目标参展商获取展会信息的主要来源，关键信息如时间、地点、价格等务必准确无误地传递给参展商。同时要注意，措辞要有感染力，能激发目标参展商的兴趣，但不能一味求效果，夸大其词，误导参展商。

2. 简洁明了

招展函应重点突出，言简意赅，简单实用，让目标参展商在较短时间内获取最具价值的信息。

3. 美观大方，便于邮寄和携带

招展函作为营销的重要手段，应设计美观，制作精良，赏心悦目，便于邮寄和携带。

■案例

案例1：招展方案

××家庭医疗用品展招展方案

主题："科学保健与健康生活""家庭医院、让健康相伴"

口号："关注亚健康、关爱残疾人、关爱老年人"

宗旨："奉献爱心、人人享有康复服务""传播健康文化、倡导健康生活、引导健康消费、促进自我医疗"

组织机构

主办单位：湖北省老年保健医学研究会、武汉市食品药品监督管理局、武汉市卫生局、中国国际贸易促进委员会武汉市分会。

协助单位：武汉市老龄工作委员会办公室、武汉市残疾人联合会、武汉市保健医疗委员会办公室、武汉市残疾人用品用具供应服务站。

特别邀请：湖北省残疾人联合会、湖北省老年医学会、湖北省康复医学会、湖北省残疾人辅助器具资源中心、湖北省残疾人康复中心、华中各省残疾人用品用具供应服务站。

承办单位：湖北省老年保健医学研究会老年健身专业委员会、中国贸促会武汉市分会国际联络部、武汉××(展览)工贸有限公司

武汉医疗展历程

◎××年××届医疗展会承办经验：20××年×月×—×日，武汉三医(医疗器械、医药保健、医院)博览会在湖北洪山体育馆隆重举行。展位×××个，参展企业××家。

◎首届家庭医疗用品展：20××年×月×—×日，与"中华人民共和国成立××周年湖北武汉医疗卫生成就展""武汉国际医疗器械展"三会同期举行，将共同迎接超过2万名专业观众的光临。

◎武汉首次举办：医疗卫生及家庭保健领域的一次"大阅宾、大检阅、大聚会"。

【前言】

20××华中首届家庭医疗及残疾人、老年人康复保健用品展览会，将于20××年×月×—×日在武汉国际会展中心隆重举行。本届展会"立足华中，面向国际，辐射全国"，本着"高水平、大规模、求实效"的办会原则，重点做好专业观众和设备采购的各项组织工作。

首届展会将设："检测体验区"，着重糖尿病及高血压的体检项目；"保健技能区"，着重保健器械、按摩器具的功能演示；"理疗功能区"，着重康复理疗、特色疗法的功能推介；"残疾人、老年人康复保健区"，着重康复护理辅助。为大众家庭推广高精检测设备，为亚健康人群，残疾人、老年人与家庭医疗用品用具器械生产、经销单位提供技术交流和采购合作的互动平台。

【发展前景】

中国的家用医疗保健及老年人、残疾人用品用具是一个十分巨大的新兴市场。随着人们生活水平的不断提高，人口老龄化程度的加快，城市人口的不断增长，庞大的亚健康状态人群也在不断增加。家庭式的医疗保健与老年人、残疾人保健康复护理工程是今后全社会和家庭的投资方向，将受到越来越多的关注与欢迎。

华中地区是中国经济最繁荣、人口密集度最高的地区之一。“中部崛起”“两型试验区”建设的实施以及国家拉动内需和新医改的政策刺激，将促进湖北武汉家庭医疗和残疾人、老年人保健工程事业整体水平不断提高。各种家用医疗设备和以辅助治疗慢性病痛为主要功能的用品、“数字化、电子化的家庭医疗电器”、“治疗性、保健性的家庭医疗器械”和“按摩器具”等相关产品将具有十分广阔的市场空间和发展前景。

截至20××年12月31日，武汉人口×××万，其中60周岁以上老年人×××万、残疾人××万。

武汉是我国华中地区特大中心经济城市，拥有优越的地理位置，承东接西，辐射全国，素有“九省通衢”之称。作为湖北的省会，武汉已形成发达的空、铁、陆、水立体交通网，是华中地区物流、资金流、信息流最大的集散地和最大的中心城市，其经济聚散力和辐射力影响着全国。

【目标观众】

◎大众家庭、亚健康人群、医生护士、社区医疗卫生中心、老年活动中心、养生馆、健身房、美容院、私人会所、大型超市及商场健康专柜、医药集团、连锁店、专卖店、礼品店等。

◎湖北省民政部门、残疾人联合会、残疾人协会，各地卫生局、保健研究会、康复医学会，老干部、工会系统保健活动中心，康复中心，干休所，疗养院，养老院，福利院，科研单位，医院及医学院校，中央企业、外省市单位驻武汉医疗保健中心等。

◎ 各医疗保健康复器械生产企业、代理商、医疗器械销售机构，健康管理连锁机构等。

【观众组织与宣传方案】

◎ 文件通知：由主办单位签发组织参观文件，发往全省各地市、县、区卫生局，老干局、工会系统，保健办，组织各级医院、保健中心、干休所、疗养院等到会参观洽谈，采购订货。

◎ 组团参观：联系华中地区省市的卫生厅(局)、保健医学研究会、康复医学会邀请组团参观。为外省组团免费提供住宿和精美礼品、举办联谊会、赠送资料，以吸引更多的外省人士加盟。

◎ 定向邀请：通过卫生局、药监局、老龄委、残联、民政局、医学会等机构和自有的庞大数据库，电话联系各级医院、保健院、政府采购团体、干休所、疗养院、医学院所负责人，邀请参观洽谈，采购订货。

◎ 资料宣传、赠票计划：印发大量会前展讯、会报及10万份邀请函、请柬、参观券等宣传品，专业设计精美的电子请柬邮发200万份，邀请邻近省市医疗卫生、保健、康复系统专业观众。

◎ 媒体推广：挑选知名的专业网站和报纸杂志60家刊登信息，提高展会的知名度和影响力。

【日程安排】

展出地点：武汉国际会展中心(江汉区解放大道696号)。

撤展时间：20××年×月×日下午4：00。

【家庭医疗用品及保健器械展区】

◎ 家用治疗仪：红外线、频谱、微波、激光、脉冲、场效应治疗仪，电子热磁理疗仪；高血压、糖尿病、心脑血管治疗仪，颈腰椎、关节炎治疗仪，视力、睡眠治疗仪、改善器材，中医治疗仪器、TENS治疗仪等。

◎ 家用检测器械：血压、血糖、血脂检测仪，心电、心血管检测仪，哮喘、鼻窦炎检测仪，避孕仪，血氧检测仪，体温表、体温计，快速HIV-1检测系统，一滴血检测仪，各种检测试剂，微循环检测仪，穴位检测诊断仪，听诊器，测精宝，计步器，中医诊断仪器等。

◎ 家庭保健器械：颈椎药磁保健器，中药电疗垫，具有治疗保健功能的睡眠、寝具、服饰、护具系列；气血循环机、足浴盆、足底理疗仪、按摩浴缸；电动按摩椅、按摩床；足穴关节按摩器，按摩棒、锤、靠垫，揉捏垫，保健枕药袋，按摩减肥腰带，拔罐仪，水疗仪，蒸汽仪等。

◎ 家用健康产品：家庭用供氧输气设备；电解多功能制水机、离子水机；保健杯、抗菌杯、活化杯；托玛琳汗蒸房、汗蒸馆系列；空气净化产品，女性孕期及妇幼护理产品；美容美体设备，健身塑身设备。

◎ 家用健身器械：跑步机、健身车、踏步机、摇摆机、塑身机、减肥仪、SPA设备、户外健身体育用品。

【残疾人、老年康复护理用品展区】

◎ 特殊医疗器械：各种听力、视力、智力、肢体等障碍辅助器具，矫形器、测量仪器等。

◎ 特殊助行器械：各类轮椅、假肢、拐杖、电动代步车、障碍升降设备等助行器材。

◎ 康复护理器具：家庭急救药箱、氧气瓶、氧气袋、牵引器、睡眠仪、功能椅、功能床、防褥疮床垫、煎药器、冲牙器、止鼾器、生物反馈仪、颈椎保养贴、眼罩、护腕、护腰等。

◎ 无障碍设施：家庭居住环境无障碍设施(厨房、家具、卫浴、寝室)及公共无障碍设施。

◎ 特殊卫浴、寝室用品：护理床、桌、椅及床上用品，特殊卫生洁具、餐食、盥洗用具等。

◎ 特殊文化用品：特殊教育用品用具、特殊视听读写产品、特殊电脑及软件、打印器材等。

◎ 老年用品：老年营养保健品、老年常备药品、老年康体器械、老年文娱用品。

◎ 老年服务机构：老年福利院、养老院、老年公寓、康复中心、老年活动中心。

【参展费用】

1. 展位收费：3 m×3 m，5000 元/个；双开口，5500 元/个；特区展位 9 m^2，600 元/个。

包括：三面展墙、楣标一块、一桌两椅、射灯两盏、5 A 插座、220 V 电源插座(特殊用电另行收费)。

2. 会务费：500 元/人(会期证件、资料、午餐、饮料、精美礼品、出席联谊酒会)。

3. 新产品新技术推广会：5000 元/场(提供场地相关设施，协助组织听众)。

4. 协办赞助费：3.8 万元、5.8 万元、8.8 万元(限 3 家企业协办本次盛会，补偿办法资料备索)。

5. 会刊广告：封面广告，2 万元；封底广告，12000 元；封二/三，8000 元；彩色内页，5000 元；黑白内页，2000 元；企业简介，1000 元。

6. 会场广告：参观券广告，5000 元/1 万张；彩虹门，5000 元；升空气球，3000 元。

【参展手续】

1. 填写参展申请表并加盖公章，于 7 日内将费用汇至指定账户。组委会有权调整少量展位。

2. 会务安排：会期前 30 天，将入会通知书(运输、接待、活动及住宿等)传真至参展商。

通信地址：略

电话/传真：略

联 系 人：略

点评：该招展方案基本内容完整，相对清晰，但方案框架结构方面有待进一步加强，且细节方面不够完善。

案例 2：邀请函

2017 中部制博会郑州展暨第 19 届中原(郑州)焊接与切割技术设备展

邀 请 函

时间：2017 年 5 月 7—9 日

地点：郑州国际会展中心

主办单位：中国机械工业联合会
河南省机械工程学会
河南省自动化学会
好博会展机构

重点支持：河南省科学技术协会

协办单位：河南省机械工程学会焊接专委会
河南省机械工程学会铸锻专委会

同期举办：2017 中国中部(郑州)国际装备制造业博览会

组织单位：郑州好博塔苏斯展览有限公司

执行承办：郑州瑞翔展览有限公司

联 络 人：×××　　电话：0371-××××××××

◆ 展会宗旨：升级中部工业　智造河南装备

◆ 为什么参展?

河南是中国中部地区经济强省，是中国国内国民生产总值超过万亿元的省份之一。河南制造业基础厚实，尤以汽车及零部件、电力、航空航天、矿山、农业、铁路、石油化工、起重、船舶、桥梁、建材、造纸装备制造能力称誉国内外。全省工业企业数多达 10 万余家，其中机电工业企业数占两成。2012 年 11 月，国务院正式批复《中原经济区规划(2012—2020 年)》，以郑州为中心的城市圈工业发展强劲，洛阳机械产业久具盛名。“十三五”期间，河南省工业将进一步得到快速发展，工业装备需求持续扩大，其中焊接与切割设备在行业应用中与日俱增。

以此为契机，按例每年春季举办的中原焊接与切割技术设备展(简称“中原焊接展”)成为中国中部焊割领域内最具影响力与号召力的品牌盛会。展会涉及焊接技术设备、切割技术设备、激光技术设备、清洁技术设备等领域，能全面展示国际焊接切割领域最新的产品和服务，为业界提供高效的商务合作及交流平台。

竭诚欢迎国内外客商参加“中原焊接展”!

◆ 谁来参观?

中部地区及周边的汽车及摩托车零配件制造、机械制造、机械加工、钢结构、锅炉、金属加工、模具制造、铁路机车、农机、军工、航空航天、电力水利、石油化工、冶金重矿、造船、车辆制造、管道、压力容器、工程安装、工程机械、建筑机械等行业的科研设计院所、采购供应商、销售商，焊割行业的代理商、分销商、批发零售商等将被邀请参观采购。

◆组委会仍将大力诚邀以下企业的产研供销部门继续组团参观采购

宇通集团、郑州日产、少林汽车、郑纺机、郑煤机、郑州海马、中国一拖、中信重机、洛轴 LYC、河柴、郑煤、725 所、许继集团、黄河实业、南阳防爆、大唐首阳山、双汇、银鸽实业、中集华骏、焦作奇瑞发动机、义煤机电、豫光金铅、济源钢铁、明泰铝业、永通特钢、中烟工业、新飞电器、白鹭化纤、新亚纸业、科隆电器、新航集团、平煤集团、永煤集团、鹤煤集团、中原油田、河南油田、平高电气、014中心、中原大化、长城铝业、中铝河南、神火铝电、洛阳石化、林州重机、洛玻集团、舞阳钢铁、风神轮胎、河南中轴、安阳钢铁、中铝洛铜、中航光电、大方桥机、龙工机械、四维机电、卫华集团、克瑞集团、鹏飞起重、河南起重、黄河装卸、613所、27所、安彩高科、焦作厦工机械、713所、富士康、豫联能源、中原特钢、金冠电气、天元铝业、北方易初、郑机所、三磨所、郑铁、新安电力、中原黄金、中加钢铁、灵宝黄金、凤宝钢铁、西保冶材、顺源铝业、豫港焦化、天海电器、统一企业、泰丰医药、中航电动汽车、龙瑞汽车、大有塑业、云鹤食品、三元科技、桑达能源、华泰特缆、环宇集团、开封空分、中机十院、中钢洛耐……

◆组委会还将重点邀请以下各工业产业集群企业参观采购

郑州高新技术开发区，洛阳高新技术产业集聚区，洛阳国家大学科技园，栾川钼业产业集群，长葛产业集聚区，洛阳市机器人智能装备产业园，荥阳矿机、建筑机械、阀门工业集群，巩义建机及线缆设备产业集群，林州汽配产业集群，偃师钢制家具产业集群，洛龙李楼轴承配件产业集群，长垣起重工业集群，中原电气谷，吉利石化产业集群，涧西机械装备加工产业集群，鹤壁电子接插件产业集群，新乡县振动机械产业集群。

◆展会亮点

中部巨大市场需求——工业4.0、《中国制造2025》政策解读。

国际化程度大幅提升——海外展团助阵，主流媒体争相报道。

强强携手，优势互补——推动产业升级，转变产业增长方式。

行业政策扶持——巨大商机吸引促进智能制造装备业持续繁荣。

借助“装备制造振兴规划”，再掀智能制造装备采购高潮。

◆您若参展，在会期您将获得以下机会

了解：中部焊割行业市场发展的新动向。

接触：河南省焊割行业的重要客户/买家。

推广：参展企业/产品/服务，提高知名度。

行销：新产品，新技术，新材料。

◆往届展商

瑞凌、松下、OTC、库卡、海宝、肯倍、捷锐企业、越达、群顺、焊王、银象、东升、华远、沪工焊机、佳士、肯达、正泰、沪通、固邦、鑫百盛机电、烽火、威特仕、长胜、沪通、正泰、骏腾发、米勒、优百特焊割、华意隆、朝阳机电、容大焊材、华熔工贸、路达、豪达焊接、昆山乾坤、耐霸、汉神、薪火相传、华利兴、澳尔玛机械、通用重工、勤工机械、天田、通快、博辉机电、诚羽机电、蓝讯科技、钰泉机械、大族激光、迪能激光、楚天激光、华工激光、天琪激光、湖北新晨、百维数控、梅曼激光、博成联创激光、博奥嘉华激光、冰岩激光、龙门激光……

◆ 展会日程

布展日期：2017 年 5 月 5—6 日。

展览时间：2017 年 5 月 7—9 日。

◆ 展览地点

郑州国际会展中心(郑东新区商务内环路中央公园 1 号)。

◆ 参展范围

A. 焊接技术设备：各类焊机和焊接设备、焊接关联自动化设备、焊接机器人、焊接用装置及器械、焊接卫生与安全保护用具、焊接线、焊接构造物流程用机械、非破坏检查装置及试验器械、表面处理装置、焊接材料、焊接原副材料、其他焊接关联器械及材料等。

B. 切割技术设备：数控切割机、等离子切割机设备、火焰切割机、金属加工折机、切割自动化设备、切割装置及器械、其他关联设备等。

C. 激光技术设备：激光加工设备、激光打标机、激光焊接机、激光切割机、激光雕刻机、激光数控机床、激光热处理机、激光打(钻)孔机、激光模具雕刻机、激光内雕机、激光划片机、激光雕铣机、激光雕版机、CO_2 激光标刻机、激光防伪喷码机、激光喷码技术、激光辅助设备及配件、激光和光导发光元件等。

D. 清洁技术设备：焊烟吸尘器、焊烟除尘设备、工业吸尘器、中央烟尘净化系统、各种环保切割设备。

◆ 参展费用

报名参加本届展会，把握与客户面谈沟通的销售机会，投入不大，收益多多。

国际标准展位(9 m^2，标准配置)	室内光地(36 m^2 起租，无任何配置)
6800 元/个	700 元/ m^2

注：A. 标准展位为 3 m×3 m(角位另外加收 800 元)。配置：白色围板、一桌、二椅、二灯、220 V/5 A 插座一个、中文楣板。

B. 免费及增值服务包括：会刊(免费刊登 300 字左右企业简介)，参展商胸卡，定向组织观众，标准展台搭建(净地除外)，展场清洁及保卫。

C. 参展单位在报名后将有关参展费用按合同约定汇入大会指定账号，并将银行汇款底单传真至承办单位；展位安排以“先申请、先付款、先分配”为原则；未按合同约定按时付款者，所定展位主办方不予保留。

D. 其他相关免费增值服务可来电咨询组委会或参阅参展手册、与会通知书。

◆ 联系方式(略)

点评：该邀请函内容结构比较完整，能提供较为全面的招展信息，是一份合格的招展邀请函。请同学们考虑一下，哪些方面还可以进一步完善。

案例3：邀请函

第八届中国国际节能新能源汽车暨电动汽车展览会邀请函

2017 8th China International Exhibition on Energy-Saving New Energy Vehicles and Electric Vehicles

时间：2017年4月6—8日

地点：中国国际展览中心(新馆)

组织机构：

世界电动车行业协会

The World Association of Electric Vehicle Industry

中国交通运输协会

China Communications and Transportation Association

中国新能源汽车创新战略联盟

China New Energy Automotive Innovation Strategy Alliance

中国电动车行业协会

Chinese Electric Vehicle Industry Association

支持单位(Support unit)：

国家发展和改革委员会

State Development and Reform Commission

交通运输部

Ministry of Transport of the PRC

国家清洁汽车办公室

China Clean Car Office

承办单位(Organized by)：

北京远洋腾达国际展览有限公司

Beijing Yuan yang Tengda International Exhibition Co.，Ltd

☆ NGV China+ESV 2017中国国际节能新能源汽车展览会展出面积50000 m^2，是国家政府部门重点支持、资金扶持的展览会，由商务部、财政部直接向展会组织单位补贴参展费用的50%。

前言

中国作为世界上第二大汽车消费市场，其发展速度之快，令世人瞩目。中国政府高度重视节能、环保汽车产业的可持续发展，并将此作为我国《汽车产业发展政策》中明确支持的重要方向。根据《节能与新能源汽车产业发展规划(2012—2020年)》(以下简称《规划》)提出的发展目标，到2020年，我国的新能源汽车产业化和市场规模将达到世界第一。以混合动力汽车为代表的节能汽车销量达到世界第一，年产销量达到1500万辆以上。根据《规划》，未来十年，中央财政将投巨资支持节能与新能源汽车核心技术研发推广，资金数额达上千亿元。而要实现这一目标，政府的扶持将会是新能源汽车产业在现阶段得以稳步发展的最有力的驱动。

为了更好地促进我国新能源汽车行业的发展，第八届中国国际节能新能源汽车暨电动汽车展览会将于2017年4月6—8日在北京中国国际展览中心(新馆)拉开帷幕。本届展会得到交通运输部、环境保护部、科技部、发改委、工信部等政府部门的重视和支持；到会参观的有中国汽车工业协会、中国汽车工程学会、中国工程院、中科院、清华大学等的专家学者；每届展会得到国内外汽车制造商(如一汽集团、东风集团、北汽集团、长城汽车、东南汽车、比亚迪、吉利集团、长安集团等，均以强大阵容参加展出)、能源供应商、研究机构和配套设备企业的大力支持和积极参与。活动将邀请几大部委的领导代表出席。

本届展会预计将有来自20多个国家和地区的300家企业参展，展览面积30000 m^2，将是中国乃至世界上重要的新能源汽车行业大会。欢迎广大厂商及业内人士参展、参观。

◎会议日程

报到布展：2017年4月4—5日（8：30—17：00)。

展　　览：2017年4月6—8日（8：30—16：30)。

◎展出范围

◆新能源汽车(乘用车/商用车)

混合动力汽车(微混、轻混、中混、重混和插电式混合)，纯电动汽车，燃料电池汽车，太阳能电动车，氢能源、天然气等各种新能源、清洁燃料、混合动力车辆及各种低排放、环保节能型汽车。

◆纯电动车

电动轿车、电动大巴车、电动公交车、电动物流车、电动清洁车、电动观光车、各种电动旅行车、电动高尔夫球车、电动牵引车、太阳能电动车、电动警用巡逻车和社区指挥车、低速电动车、特种电动车等。

◆动力驱动系统

动力电池，电池管理系统，燃料电池，混合动力系统，驱动电机，电动车控制及驱动系统，发动机，检测修复设备，有关的测试、监控、防护仪器，相关技术。

◆新能源汽车零部件

电力电容器、超级电容器、飞轮、电热泵、电动助力转向、电动空调、轮胎、连接技术和电磁技术相关材料。

◆充电设施

充电站智能网络项目规划及成果展示，逆变器，太阳能、风能互补新能源汽车充电站技术产品，充电站配电设备，充电机，电能监控系统，有源滤波装置，充电桩，变压器，配电柜，电缆，直接充电设备，充换电池及电池管理系统，停车场充电设施、智能监控，充电站供电解决方案。

◎参展费用 （参展费用由政府直接补贴50%，参展单位按照收费标准50%付费）

◆室内外光地展区

国内1800元/m^2展期；合资2600元/m^2展期；外商500美元/m^2展期。

◆豪华特标展位(3 m×4 m、3 m×5 m)

【注：此展位赠送会刊140 mm×210 mm版彩页】

12 m^2双开口：国内31800元/展位；合资36800元/展位；外商6600美元/展位。

12 m^2单开口：国内28800元/展位；合资33800元/展位；外商6000美元/展位。

15 m^2双开口：国内38800元/展位；合资45800元/展位；外商8000美元/展位。

◆普通标准展位(3 m×4 m)

12 m^2双开口：国内26800元/展位；合资31800元/展位；外商6000美元/展位。

12 m^2单开口：国内23800元/展位；合资28800元/展位；外商5500美元/展位。

◆标准展位费用包括展出场地、2.5 m高壁板、楣牌制作、12 m^2地毯、洽谈桌一张、椅子两把、220 V电源插座一个、日光灯两支。参展企业若选择展位及双开口展位，加收20%的展位费用。光地费用包括展出场地、保安、清洁服务。

◎参展程序

填写展位申请表，加章后邮寄或传真至大会组委会。在申请展位一周内将参展费用(50%订金或全款)电汇或交至组委会。展位顺序分配原则：先申请、先付款、先安排。余款在2017年2月28日前付清，否则主办单位将视其放弃参展，所交定金不退。主办单位收到参展申请表和展台费用后，将发票与《参展商手册》一并寄给参展商。代表住宿、产品运输等事宜，将以《参展商手册》为准。

◎会刊及其他广告

会刊/其他广告	封面	封底	封一二	内彩页	黑白页	请柬	入场券	手提袋
价格(人民币)	40000元	30000元	15000元	8000元	4000元	15000元/万张	7000元/万张	36000元/万个

会刊除在大会期间广泛赠送给主管部门及相关协会、观展客商外，还将通过主办单位途径发往国内外的行业系统及相关经销单位等。

◎大会活动内容

产品展示、贸易洽谈、技术交流、学术研讨。各参展商可以申请举办技术交流会，每场费用：国内企业9800元，国外企业2000美元。(时间为1小时)

◎展览宣传计划拟定

主要利用CCTV电动车频道、人民网、新华网、搜狐汽车、新浪汽车、网易汽车、节能与新能源汽车网、中国客车网、中国电动汽车网、《电动车辆研究与开发》、《电动车商情》、《中国电动汽车》、《中国电动车》等合作媒体进行展览前期的宣传报道。综合媒体：中央电视台、中央人民广播电台、《中国经济时报》、《中国经营报》、《中国贸易报》、《经济参考报》等近30家主流媒体。

◎邀请的目标观众政府部门

展会期间有来自全国各地公安系统、公交公司、机场、车站码头、旅游景点及旅游公司、园林小区、高尔夫球场、公园、娱乐场所、体育场馆、各大型企事业单位、大专院校、疗养院等单位的领导参观采购。

点评：该方案结构完整，条理清晰，招展信息比较全面，是一份比较成熟的招展方案。

■行动

依据校园毕业展的市场调研及立项策划，制定本展会的招展方案与招展函。

■反思

疫情防控期间如何招展，创新展会模式？针对新冠肺炎疫情，中共中央政治局常务委员会专门召开会议，号召“创新展会服务模式”。如何实现会展业务的数字化管理，促进会展线上线下招展渠道多元化融合式发展？请学习专家视点，思考上述问题。

>> 任务二　展会招商类文案撰写 <<

■知识学习目标

1. 了解招商方案的概念。
2. 熟悉招商方案的写法。
3. 熟悉观众邀请函的概念与写法。

■技能素养目标

1. 能撰写招商方案。
2. 能撰写观众邀请函。
3. 做到遵纪守法、爱岗敬业。

■问题

“国际教育游学展”展会项目的招展工作进展很顺利，但是招商工作相对落后，王总监对招商工作的进度不满，立刻让市场部相关负责人加快招商工作进度。

请思考：该部门计划开展招商工作，招商方案要如何撰写？

■认知

一、招商方案的概念

招商方案是会展主办者通过各种方法和渠道，为寻求合办者、支持者、赞助商(如冠名赞助、指定产品赞助等)、会展名称及标志的使用权受让者、广告主以及招徕客商和邀请观众而撰写的文案。

招展方案的对象非常明确，就是针对参展商。招商方案较之招展方案范围更广，针对的是各类合作伙伴、广告主、观众、支持者、赞助商等。

二、招展方案的写法

(一)结构

标题＋正文＋尾部。

(二)条目

1. 标题

完整式：发文机关＋事由＋文种，如“××展销会秘书处关于××展销会招商方案”。

省略式：会展项目名称＋文种，如“××展销会招商方案”。

2. 正文

(1)制定招商方案的依据

制定招商方案的依据包括展会背景介绍，展会所在行业、相关产业发展状况，企业结构及分布情况等。

(2)展会招商分工

展会招商分工包括各办展机构之间的招商分工以及本单位内部招商人员及工作分工安排。

(3)招商渠道和措施

招商渠道包括专业媒体、大众媒体、有关行业协会和商会、国内外同类展会、参展企业、网络招商、国内外著名展会主办机构、国际组织、各种招商代理、外国驻华机构、政府有关部门。措施一般为在策划展览期间举办相关活动。

(4)招商宣传推广计划

目的：更好地促进招商而有针对性地举办宣传推广活动。

策略：紧扣展会主题，突出展会优势，处处为客户的利益着想。

渠道：新闻发布会、广告等传统与现代化的渠道。

(5)招商预算

招商预算包括招商人员费用、招商宣传推广费用、招商代理费用、招商资料的编印和邮寄费用、招商公关费用，以及其他不可预见费用。

(6)招商进度安排

对各项招商活动进行统筹安排，以确保招商工作的顺利完成。一般按以下时间安排。

开幕前12个月：招商工作开始，有针对性的招商宣传推广活动铺开，使行业内对该展会有一定的认知。

开幕前9个月：随着招展活动大规模的实施，招商活动也逐步展开，招商宣传推广转为对招商活动的直接支持性宣传。

开幕前 6 个月：与各行业协会和商会等机构的合作招商工作正式开始，范围缩小，目标更明确。

开幕前 3 个月：展会招商工作大规模展开，对普通观众的宣传推广力度开始加强，对专业观众开始实施跟踪服务，大众媒体成为重点宣传推广阵地。

3. 尾部

尾部写招商机构的名称以及发布时间。

(三)要求

招商方案编写较为灵活多变，需考虑主送对象的需求和关注点，有针对性地反映招商的目标和要求，提高吸引力。

三、观众邀请函的概念

观众邀请函是办展机构用来进行展会招商的一种宣传单。受邀对象是展会的目标观众，尤其是专业观众。

一般在展会开幕前一个月左右向目标观众以直接邮寄的方式发送，国外观众则要适度提前，开展前 3 个月到半年开始邮寄。目前，电子邀请函因其快速便捷的优势而被广泛使用。

四、观众邀请函的写法

(一)结构

标题＋称谓＋正文＋尾部＋附件。

(二)条目

1. 标题

公文式：会展项目＋文种，如“20××年中国国际厨房卫浴产品展邀请函”。

2. 称谓

按照特定对象，撰写称谓。

3. 正文

(1)展会基本内容

展会基本内容包括展会名称、举办时间和地点、办展机构、展会 LOGO、展会简介等。

(2)展会招展情况

展会招展情况包括展会的主要展品、新产品和展会招展情况，重点通报知名企业的参展情况。

(3)展会相关活动

这部分列举展会期间举办的系列活动，包括活动的时间、地点、主题等。

(4)参观回执表

参观回执表主要是方便观众预先登记，包括参观申请的联系人、联系方法。

(三)要求

第一，目的明确：为了吸引专业观众参加。

第二，表述准确：展会的相关信息要清晰、明白、全面，不要有歧义。

■案例

VR科技车站招商方案

【策划背景】

如何才能在各类展会的缭乱无章中，“玩”出自己的“花样”？如何在传统的车展形式中，另创奇思开创出新的模式？如何让车展真正做到销售之上，各大车型品牌特性广而告之？

顺应当下“互联网+”的时代潮流，一场颠覆传统型车展的新型科技——VR车展应需而生！一场线上VR与线下落地展示结合的科技车展，给广大消费者带来一次从未有过的对自己心仪的各大车型及品牌特性的完美极致体验！

本次车展由××市广播电视台携手×××传媒共同打造，利用VR技术，结合电视台、电台等多媒体支持，配合各项创意主题性形式活动，重新定义车展。更要以实力证明，××地区极具创新的车展的应有模样，彰显品牌科技车展的强大实力。

【展会组织总结】

只有较好地总结以往传统型车展的缺陷，方可更好地扬长避短，使本届VR科技车展得以成功举办。具体可能存在的缺陷，总结如下。

(一)看展人群少，针对目标客户价值驱动力不足

展会对参展商目标诉求客户的看展价值驱动力不足，导致看展人群少，参展商利益得不到有效保障。

(二)参展商招商价值利益点不够清晰

展会对参展商的价值吸引力不足，展会招商价值利益点缺乏针对性。

(三)宣传不够深入，缺乏有效规划

展会对参展商、看展人群两大目标群体的宣传针对性不足，展会价值无法充分体现。

(四)招商团队业务开拓力不足

在招商文本、信息传达、业务沟通中，对于展会对参展商的潜在利益没有清晰的表述，导致展会的价值信息传达与沟通不到位，无法从根本上打动参展商。

【参展商参展目的】

只有认真分析和掌握参展商的参展心理，才能保证招商工作较好地开展，这是确保展会成功举办的关键点之一。具体而言，参展商的参展目的如下。

一是利用展会的人群集聚效应，针对参展商目标诉求对象，签订更多的合作协议，销售更多的产品或服务。

二是借助展会的人群集聚效应，面向更多的目标诉求对象，展开更为直观全面、更具针对性的信息、产品、服务宣传。

【招商范围】

各大4S店、进口及国产汽车厂商、名车行等。

【VR车展价值优势】

(一)招商价值优势

1. 创新VR科技车展的活动组织形式，保证足够看展人群

采取商家促销、VR科技线上体验与展会相结合的组织形式，并积极定位参展商目标消费群体的关注方向，创新本届VR科技车展的活动组织形式。

2. 汽车相关产业参展商聚合参展，提高不同消费群体关注度

本届VR科技车展将打造相关“精品汽车参展商”聚合参展模式，以尽可能增加参展人数为出发点，不局限于吸引品牌汽车消费群体，更扩大至未来客户群体相关消费领域，从而尽可能吸引更多看展人群现场看展消费。

3. 依托强有力的宣传推广，保障展会宣传的全面到位

目前，本次VR科技车展依托主力媒体平台资源——××广播电视台和线上新媒体——×××传媒等进行爆发式宣传，通过各种拉动，实现宣传过程中线上媒体、电视媒体、电影院平面媒体、户外广告、商家互联资源立体化无缝隙宣传，保障本次VR科技车展相关信息的全方位有效传达。

4. 宣传主题明确，提高看展人群参与积极性

本次VR科技车展确定“VR科技体验”“现场促销”“现场活动”“礼品派送”四大核心宣传主题，积极围绕参展商目标诉求对象的生活消费关注点，展开活动组织及宣传，有效提高看展人群的参与度。

5. 专业化团队组织运作，保障VR科技车展顺利成功举办

本次VR科技车展由招商团队、实施团队、后勤保障团队、宣传推广团队等专业化运作团队积极协作组织，以确保将本届车展打造成为当地极具影响力的汽车展会。

6. 针对看展人群提炼展会价值利益驱动，强化展会号召力

本次VR科技车展将参展商线上VR科技展厅、VR全景看车、现场VR互动体验的概念作为展会核心价值驱动力，提高看展人群的参与积极性。参展商优惠促销概念价值利益呈现为：“科技车展，VR互动”活动无论从以往的车展形式还是目前的车展形式看，都是比较新鲜的活动形式，因此有效提高了本次车展的影响力和

关注度。

(二)看展人群价值引导

第一，首次将车展打造成为“VR 互动”与展会的结合，实现线上线下的完美体验。

第二，现场创意互动游戏的导入，进一步提高关注度和参与度。

第三，VR 科技车展期间更推出 3D 微信签到、微信全程互动直播、线下 VR 科技互动体验、高端特色演艺、指定品牌汽车靓模全城巡游等现场活动。

策划单位：××市×××文化传媒有限公司

20××年××月××日

点评：该方案结构相对完整，条理清晰。但对于展会招商来说，该方案更侧重招展，招商内容较少，观众来源、观众群体定位、招商宣传推广方式等内容缺乏。

■行动

请依据校园毕业展的市场调研及立项策划，撰写本展会的招商方案与观众邀请函。

■反思

为强化精准招商，扩大品牌宣传，应对新冠肺炎疫情防控要求，2021 年 8 月 11 日，第四届中国国际进口博览会在国家会展中心(上海)举办了线上招商路演活动。请登录新华网，欣赏“第四届进博会举行首场线上招商路演”视频，思考如何撰写线上招商路演方案。

>> 任务三　开幕式致辞撰写 <<

■知识学习目标

1. 了解开幕式致辞的作用。
2. 熟悉开幕式致辞的写法。

■技能素养目标

1. 掌握开幕式致辞的内涵。
2. 能撰写开幕式致辞。
3. 做到诚实守信、公道办事。

■问题

“国际教育游学展”展会项目已经完成了招展招商工作，计划开幕了，现需要安排开幕式工作，需要指定专人负责开幕式致辞的撰写。

请思考：开幕式致辞撰写时需注意什么？怎么撰写致辞？

■认知

一、开幕式致辞的内涵和作用

致辞是具有一定身份的人在重大节日、重要活动、特定场所发表的一种礼仪讲话和文书。致辞的主要目的是传递信息、交流感情、增进友谊、营造氛围。开幕式致辞是在会展活动正式开始时由主办方相关人员宣布会展开幕的致辞。开幕式致辞除了宣布开幕之外，还可以表示对与会来宾的欢迎和感谢，阐述本次会展的目的、任务和意义，并提出希望和要求。

二、开幕式致辞的写法

(一)结构

标题＋称谓＋正文。

(二)条目

1. 标题

(1)单行式标题

单行式标题即在会议名称后面加“开幕词”字样，如“××国际艺术节开幕词”。或者采取致辞人姓名、会议名称加“开幕词”(或“致辞”)字样的格式，如“习近平主席在第 73 届世界卫生大会视频会议开幕式上的致辞”。

(2)复合式标题

复合式标题即在单行式标题的上面增加一行标题为正标题，揭示开幕词的主题思想；第二行为副标题，说明致辞的场合。如“盛世中国——庆祝中华人民共和国成立 70 周年书法大展开幕式致辞”“绿水青山赞和谐 劲舞欢歌颂盛世——在第 18 届青海土族安召纳顿节开幕式上的致辞”。

标题正下方写上致辞日期，格式为“××××年×月×日”。

2. 称谓

称谓一般由活动组织方来确定，要确认参加活动的领导和嘉宾的全名、职位和称呼。根据参加对象的情况而定，一般按照身份从高到低、性别先女后男的顺序，尽可能覆盖全体参加对象。遇到参加活动的来宾是一个群体，不能具体到某位领导来宾的情况，则以“各位领导、各位来宾，亲爱的同志们、朋友们”等统一称呼。

3. 正文

(1)开头

对与会者表示欢迎，对活动的成功举办表示祝贺。

(2)主体

回顾历届活动取得的成绩和经验；提出本次活动的主要任务，阐明活动的主题和意义，对与会者提出希望和要求。

(3)结语

预祝活动取得圆满成功，向各位与会者表示谢意。

(三)要求

1. 表意准确

立意清、表意准，这是致辞的一个特点。在动笔之前，要认真调研，精心构思，精准立意。要做到心中有三：一是心中有“物”，知晓开幕式的听众、活动、项目等情况，切合实情立意；二是心中有“景”，知晓致辞的场合环境、语境等，切合场景立意；三是心中有“度”，知晓致辞人的定位、语言风格和特点，切合身份立意。

2. 感情真挚

尽礼足，这是致辞的典型特点。好的致辞，高雅而又通俗，以礼示人，以情动人；好的致辞，能够讲到听众的心坎上，深深地打动和征服听众。语言要情感化、通俗化、形象化，致辞要带着感情，声情并茂，以情感人，浓郁氛围。

3. 言简意赅

篇幅短小，这是致辞的又一典型特点。因此，结构上要严谨合理、上下衔接；语言上要简洁清楚，切合风格。词语的选择上要尽量口语化，通俗易懂，少用生僻词语。生僻词语说者拗口，听者也费解。少用单音节词，单音节词虽然简洁，但不容易上口，影响节奏感。句子要多用短句，少用长句，长句容易影响听的效果。

■案例

在“设计中国”展览开幕式上的致辞①

(2019年3月20日，意大利罗马)

中共中央宣传部副部长　蒋建国

尊敬的维托里奥·斯加庇先生，

女士们，先生们，朋友们：

下午好！在习近平主席对意大利进行国事访问前夕，我很高兴来到“艺术之城”罗马，出席在国立当代艺术博物馆举办的“设计中国”展览开幕式。

意大利是欧洲最早与中国开展贸易往来的国家之一。2000多年前，著名的“丝绸之路”就把两个伟大的文明古国紧紧联系在一起。马可·波罗、利玛窦、郎世宁等友好使者，为两国人民架起了跨越时空的友谊之桥。近年来，中意两国在经贸、科技、环保、农业等领域的合作不断加强，为两国人民带来了切实的利益。

作为欧洲中世纪文艺复兴的发源地，意大利设计是全球设计的潮流引领者，是时尚的代名词，米兰的时装展、家具展、艺术展代表了世界顶级水平。人们常说，意大利有看不完的古迹，听不完的音乐，踢不完的足球，尝不完的佳肴，数不尽的设计。意大利设计是古典与现代的完美结合，在世界上确立了独一无二的地位。

中国改革开放40多年来，随着经济社会不断发展进步，中国设计也在逐渐崛

① 本案例来自中华人民共和国国务院新闻办公室网站。

起。中国设计与意大利秉持相近的理念，在传承、弘扬优秀传统文化和中华美学精神的基础上，学习借鉴世界各国的优秀创意，顺应潮流趋势，持续开拓创新，逐渐形成了自己独特的风格，并不断走出国门、走向世界。

此次“设计中国”展览展出百余件具有深厚历史文化底蕴的中国原创设计作品。观众可以从中看到中国设计的最新成果，感受中国设计师的创新创意和工匠精神，了解中国人民对美好生活追求，感受中国人民幸福感获得感。希望大家能够喜欢这些作品。

我相信，通过这次活动，中意两国设计师和艺术家切磋技艺、碰撞灵感，将更好促进设计、艺术等人文领域的深入合作，并为增进中意两国人民相互了解和友谊作出积极贡献。

祝大家观展愉快！谢谢！

点评：该开幕式致辞内容完整，条理清晰，很好把握了展会活动的内涵，重点突出，是一份非常好的致辞范本。

■行动

请为校长撰写一份“传统文化进社区”校园主题展开幕式致辞。

■反思

国家主席习近平在2021年中国国际服贸会全球服务贸易峰会致辞，彰显了中国坚持开放合作、互利共赢，共享服务贸易发展机遇，共促世界经济复苏和增长的信心和决心，令人倍受鼓舞、倍感振奋。请阅读这篇致辞，深入思考会展作为主场外交发挥的综合效益。

>>任务四　参展商手册撰写<<

■知识学习目标

1. 了解参展商手册的概念和内容。
2. 熟悉参展商手册的写法。

■技能素养目标

1. 能辨别参展商手册的主要内容。
2. 能撰写参展商手册。
3. 遵守职业精神和职业规范。

■问题

王总监负责的“国际教育游学展”展会项目正在招展中，很多参展商、观众打来电话咨询活动时间、地点路线等，于是王总监让市场部相关负责人设计并制作一份参展商手册。但是市场部的有些员工认为已经有了招展函和观众邀请函，就不需要参展商手册了。

请思考：参展商手册有什么用？已经有了招展函和观众邀请函，还需要参展手册吗？

■认知

一、参展商手册的概念

参展商手册是办展机构对展会布展、展览和撤展等各环节进行有效管理的指导性文件。参展商手册涉及展会的各个环节，汇集展览基本信息、服务项目、注意事项等，起到指引参展商、宣传展会、协助做好现场管理等作用。

参展商手册，又称为参展指南、参展说明书等。一般在展会开幕前邮寄给参展商，同时也发布在展会网站上以供下载。

二、参展商手册的写法

(一)结构

前言＋目录＋正文＋附件。

(二)条目

1. 前言

前言部分应表达对参展商的欢迎，声明本手册的编制原则和目的，提醒参展商在筹展、布展、展览和撤展等环节需遵守的相关规定。

2. 目录

参展商手册是将参展过程中各种问题汇编成册，因此要编制目录，方便参展商检索。

3. 正文

(1)展览场地基本情况

方便参展商准确地找到展馆和自己的展位，对展位搭建、布展起到指引作用。如表 3-4-1 所示。

表 3-4-1　展览场地基本情况

项　目	具体内容
展馆以及展区的平面图	展馆各种服务设施的位置；展区和展位划分的具体情况；展馆内部通道和出入口等
至展馆的交通图	展馆在城市的具体位置；到展馆的各种交通工具和交通路线；酒店、餐饮的位置等
展览场地的基本技术数据	地面承重；馆内通风条件；货运电梯容积容量；室内空间高度；展馆入口高度和宽度；水电供应等

(2)展会基本信息

展会基本信息包括展会名称、举办时间和地点、办展机构、展会指定承建商、指定运输代理、指定旅游代理、指定接待酒店等。

特别要标明展会的布展时间、开幕时间、专业观众和大众观众开放时间、撤展时间、布展/撤展加班时间等。上述时间需精确到小时。

办展机构需列明主办单位、承办单位、支持单位和协办单位等。要列明指定承建商、指定运输代理、指定旅游代理、指定接待酒店等的详细联系方式。

(3)展会规则

展会规则指参展商和观众必须遵守的规则制度，包括有关证件使用和管理规定、现场保安和保险规定、展位清洁规定、物品储藏规定、水电使用规定、现场展品销售规定、消防规定、知识产权保护规定、展品演示注意事项等。

(4)展位搭装指南

展位搭装指南是展位搭装的说明和要求，包括标准展位说明、空地展位搭装说明等。

标准展位说明是对展位配置进行说明，列明参展商使用标准展位的注意事项，提出参展商需增加标配以外其他配置的处理方法等。

空地展位搭装说明是对参展商搭建窄地展位的规定和要求，列明使用材料的要求、动火作业的规定、消防安全的规定和使用电路的规定等。

(5)展品运输指南

展品运输指南是对参展商把展品等物品运至展馆的指引和说明，包括海外运输指南和国内运输指南等。列明展品的运输方式与线路、各种展品的交运和文件提交期限、货运文件的准备和交付、报关、收费标准、回程运输等事项。

(6)会展旅游信息

会展旅游信息指的是服务参展商的吃住行，包括接待酒店的档次、协议优惠价格、地址、联系人、联系方法、与展馆的距离、海外观众和参展商入境的签证办法、可供选择的商务考察和观光休闲旅游的线路和安排等。

(7)相关表格

相关表格指的是参展商在筹展和布展过程中涉及的表格。

展览表格：贵宾买家服务表、聘请临时服务人员申请表、研讨会和技术交流会申请表、刊登广告申请表、办证申请表、酒店住宿确认表等。

展位搭装表格：展位楣板公司名称表、租用展位设施申请表、租用展具申请表、租用电器申请表、空地展位搭装申请表等。

为了便于管理，对于上述表格，应当列明填妥回收的截止日期。

4. 附件

附件对未尽事宜进行补充说明。

(三)要求

参展商手册编制要求实用、简洁明了、专业、美观，国际展会需要双语编制。

参展商手册服务参展商筹展、布展、展览、撤展，指导观众观展，故在内容选择上需筛选有价值的实用信息，编排上按照参展商筹展的程序，叙述上尽量简洁，篇幅不宜过长，文字不要太多，把问题说明清楚即可。关键问题，如日程安排上，布展、撤展的时间、表格回执返回时间等，信息发布要精确，遣词造句要符合行业习惯和规范。

参展手册制作要美观大方，符合展会档次和办展机构的品牌声誉。

■案例

中国国际进口博览会参展商手册①

前言

尊敬的参展商：

2017年5月，中国国家主席习近平在“一带一路”国际合作高峰论坛上宣布，中国将从2018年起举办中国国际进口博览会，首届进口博览会将于2018年11月5—10日在上海举办。进口博览会是中国着眼推进新一轮高水平对外开放作出的一项重大决策，是中国主动向世界开放市场的重大举措，也是世界各个国家和地区展示发展成就、开展国际贸易的开放型合作平台，是推进贸易自由化和经济全球化的国际公共产品。

首届博览会将设企业商业展，包括货物贸易和服务贸易两个板块。货物贸易板块包括智能及高端装备、消费电子及家电、服装服饰及日用消费品、汽车、食品及农产品、医疗器械及医药保健等展区。服务贸易板块包括新兴技术、服务外包、创意设计、文化教育、旅游服务、物流服务、综合服务等展区。同期将举办虹桥国际贸易论坛以及一系列内容丰富的贸易促进活动。届时将有超过100个国家和地区的企业参展，15万名专业采购商到会参观采购。

未来五年，中国将进口超过10万亿美元的商品和服务，为世界各国企业进入中国大市场提供了历史性机遇。

诚挚感谢您参加中国国际进口博览会，展示最具国际竞争力的产品或服务，促进世界贸易发展，实现更广互利共赢。我们在中国上海欢迎您的到来！

中国国际进口博览会

展前提示

尊敬的参展商：

为了帮助您了解展馆设施与展会的各项要求，顺利做好展前准备工作，我们提供本《参展商手册》，以便您更为简便、高效地办理所需参展手续。

一、填写表格

各类所需填写的表单均已在本《参展商手册》的第七部分《附表》中列明，请您

① 本案例来自中国国际进口博览会官网，引用时有删改。

仔细阅读后，在本目录及表单分别注明的回传截止日期前提交；同时，建议您在表单填妥回传前做好复印备份。

二、安全提醒

请参展商仔细阅读本《参展商手册》中有关安全生产、消防安全、文明参展等规定并请督促您委托的服务商严格遵守上述规定。

三、免责提醒

中国国际进口博览会承办单位将尽力提供各方面的优质服务，以求达到参展商的要求；下列情况下，承办单位恕不承担任何责任：

1. 逾期回传表格引起的延误或因此未能提供部分或全部服务；

2. 逾期申请而导致的附加费或因此未能提供部分或全部服务；

3. 未遵守展会规定及相关法规而导致的延误、赔偿、损失等；

4. 未使用展会指定服务商而造成的延误、损失、纠纷等；

5. 由参展商、搭建商自行提交的刊登资料的准确性与及时性。

第一部分　展会综合信息

1. 展会基本情况

1.1 展会名称

中国国际进口博览会

1.2 展会时间

2018 年 11 月 5—10 日

1.3 展会地点

国家会展中心(上海)

地址：上海市青浦区崧泽大道 333 号

1.4 主办单位

中华人民共和国商务部

上海市人民政府

1.5 合作单位

世界贸易组织

联合国工业发展组织

联合国贸易和发展会议

1.6 承办单位

中国国际进口博览局

国家会展中心(上海)

1.7 展会布局

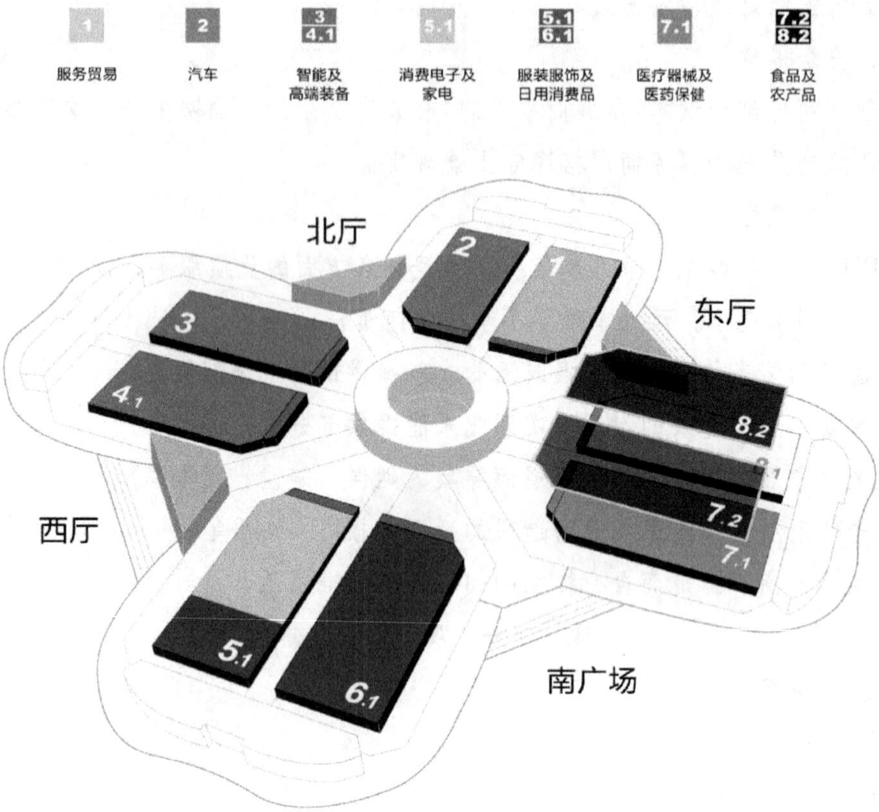

1.8 贸易论坛

论坛名称：虹桥国际贸易论坛

举办时间：2018 年 11 月 5 日

举办地点：国家会展中心(上海)

主办单位：中华人民共和国商务部、上海市人民政府

合作单位：世界贸易组织

联合国工业发展组织

联合国贸易和发展会议

承办单位：中国国际进口博览局

国家会展中心(上海)

1.9 展会官网

www.ciie.org

2. 展会联系名单

2.1 承办单位联系方式

中国国际进口博览局

国家会展中心(上海)

地址：中国上海市崧泽大道 333 号

招展热线：+86-21-××××××××

服务热线：+86-21-××××××××

传真：+86-21-××××××××

邮箱：info@ciie.org

2.2 展会指定服务商

2.2.1 主场搭建服务商(略)

2.2.2 主场运输服务商(略)

2.2.3 审图服务商(略)

2.2.4 广告代理服务商(略)

2.3 展会推荐服务商

2.3.1 推荐国际段运输服务商(略)

2.3.2 特装施工服务商

详见附件 6:《推荐特装施工服务商名录》。

2.3.3 翻译服务商(略)

2.3.4 商旅服务商(略)

3. 展馆及配套信息

3.1 展馆介绍

1. 国家会展中心(上海)总建筑面积近 150 万 m^2，是目前世界上面积最大的建筑单体和会展综合体。它由展览场馆、商业中心、办公楼、酒店四部分构成，通过 8 m 标高的会展大道联成一体，人们可便捷地穿行其中。

2. 国家会展中心(上海)可展览面积 50 万 m^2，包括 40 万 m^2 的室内展厅和 10 万 m^2 的室外展场，室内展厅由 13 个大展厅和 3 个小展厅组成，货车均可直达展厅。各展厅周边配套了充足的会议设施，由 60 多个大小不等的会议厅组成。

3.2 展馆技术数据

3.2.1 基础设施

展馆编号	1H	2H	3H	4.1H	5.1H/6.1H	7.1H/8.1H	6.2H/7.2H	4.2H/5.2H/8.2H	NH	EH	WH
展馆标高(m)	±0.00						16.00		±0.00	16.00	
货运入口(m：宽×高)	8×6.5										
展馆面积(m^2)	26460	27010	26829	26193		26867	27226	26477	10463	9779	9664
柱网(m×m)	/			27×36		54×36			/		
展馆净高(m)	32			12		17			18	12	

续表

展馆编号	1H	2H	3H	4.1H	5.1H/6.1H	7.1H/8.1H	6.2H/7.2H	4.2H/5.2H/8.2H	NH	EH	WH
可搭建高度(m)	单层展位6、双层展位8.5										
地面承重(吨/m^2)	5			3.5		1.5			3.5	1.5	
展馆亮度(LX)	300										
货运方式	专用货车道到达各展馆										

3.2.2 供水量

展馆号	工艺水供水量(m^3/h)
1H	50
2H	50
3H + NH	100
4.1H+4.2H+ WH	100
5.1H +5.2H	100
6.1H +6.2H	75
7.1H +7.2H	75
8.1H +8.2H + EH	75

3.2.3 供气量

展馆号	展馆总供气量(m^3/min)
1H +2H	15
3H +4.1H +4.2H	20
5.1H +5.2H +6.1H +6.2H	10
7.1H +7.2H +8.1H +8.2H	10

3.2.4 移动通信及网络

展馆各区域全面覆盖了4G网络信号，话务容量目前可以满足每日约25万人次的通话需求；展馆建成了高性能交换网络平台，网络综合布线覆盖全面，可提供的业务包含普通宽带、高速专线宽带、有线固话等；同时，展馆提供覆盖全面的免费无线WiFi网络“NECC-FREE”，可根据展会需求，提供高密度、高带宽的定制化无线接入服务。

3.3 展馆配套信息

1. 商业

国家会展中心(上海)商业广场集购物、餐饮、展示、娱乐休闲为一体，与各展厅相连，既为展会提供了配套服务，又延伸了展览效应，满足各类不同需求。商业广场除了引进肯德基、麦当劳、必胜客、星巴克等为首的大型餐饮连锁集团和国内、外特色餐饮品牌外，重点设立了银行、超市、进口直销中心等含宣传、销售等功能为一体的知名品牌体验馆，为参展相关人士提供了一站式、个性化的配套服务。

2. 酒店

国家会展中心上海洲际酒店是国家会展中心内唯一一家高端品牌酒店，位于“四叶草”的西南端，通过 8 m 标高的步行通道与展厅相连。酒店集住宿、会议、商务、餐饮、休闲等综合功能为一体。无论商务出行还是休闲度假，您都能享受到五星级酒店舒适怡人的设施和贴心周到的服务。

3.4 交通配套信息

国家会展中心(上海)位于上海虹桥商务区核心区，与虹桥交通枢纽的直线距离仅 1.5 公里，通过地铁与虹桥高铁站、虹桥机场紧密相连。周边高速公路网络四通八达，2 小时内可到达长三角各重要城市，交通十分便利；同时，国家会展中心(上海)内部有小车、客车停车位共计约 5050 个，可以满足举办各种大型展会及重大活动的需求。

1. 轨道交通

乘坐地铁 2 号线至徐泾东站、17 号线至诸光路站均可抵达国家会展中心(上海)。地铁 2 号线沿线与地铁 1、3、4、6、7、8、9、10、11、12、13 及 16 号线均可换乘，方便抵达上海市各个区域；地铁 17 号线可在虹桥火车站换乘地铁 2、10 号线。

2. 机场

国家会展中心(上海)距离虹桥机场 1 号航站楼约 4.5 公里(直线距离)，距虹桥机场 2 号航站楼约 2 公里(直线距离)，距浦东国际机场约 60 公里，均可乘坐地铁至国家会展中心(上海)。

1)虹桥机场 1 号航站楼—国家会展中心(上海)

地铁：地铁 10 号线至虹桥 2 号航站楼站换乘 2 号线至徐泾东站

出租车：约 20 分钟(10 公里)

2)虹桥机场 2 号航站楼—国家会展中心(上海)

地铁：乘坐地铁 2 号线至徐泾东站

出租车：约 10 分钟(6 公里)

3)浦东国际机场—国家会展中心(上海)

地铁：乘坐地铁 2 号线至徐泾东站

出租车：约 70 分钟(约 60 公里)

3. 火车站

1)上海虹桥火车站—国家会展中心(上海)

地铁：乘坐地铁 2 号线至徐泾东站、地铁 17 号线至诸光路站

出租车：约 10 分钟(6 公里)

2)上海火车站—国家会展中心(上海)

地铁：乘坐地铁 3 或 4 号线至中山公园站换乘 2 号线至徐泾东站

出租车：约 35 分钟(25 公里)

3)上海火车南站—国家会展中心(上海)

地铁：乘坐地铁 3 号线至中山公园站换乘 2 号线至徐泾东站

出租车：约 30 分钟(23 公里)

4. 自驾车

1)长三角地区

杭州、宁波、苏州方向客流可分别 G60、G2 等高速汇集至 G15 沈海高速—崧泽大道下匝道—崧泽大道—国家会展中心(上海)；或崧泽大道—诸光路—盈港东路—国家会展中心(上海)。

2)上海市区高架道路

a. 延安高架、南部外环高速方向：嘉闵高架—建虹高架—盈港东路—国家会展中心(上海)

b. 北翟高架、北部外环高速方向：嘉闵高架—崧泽高架—蟠龙路下匝道—龙联路—诸光路—崧泽大道—国家会展中心(上海)

3)地面道路

a. 北翟路、天山西路、仙霞西路方向：申长路或华翔路—崧泽大道—诸光路—国家会展中心(上海)

b. 延安路方向：延安西路—沪青平公路—诸光路—国家会展中心(上海)

(下略)

点评：受篇幅所限，该手册内容没有完整展示，但该参展商手册内容翔实，结构完整，能很好地提供参展指引，是参展商手册撰写的一个优秀范本。

■行动

请为“传统文化进社区”校园主题展会编制一份参展商手册。

■反思

当前线上线下融合式发展成为会展新业态，“闭馆不闭展，服务不断线”成为新常态。如何实现线上观展？请登录中国园林博物馆官网(展览陈列—虚拟展览)查看中国园林博物馆线上观展指南，深入学习思考如何立足受众撰写线上观展指南。

>> 任务五　展会会刊编制 <<

■知识学习目标

1. 了解展会会刊的概念。

2. 熟悉展会会刊的设计与写作。

■技能素养目标

1. 能认识展会会刊的作用。

2. 能设计并撰写展会会刊。

3. 增强职业责任感。

■问题

王总监负责的“国际教育游学展”展会项目已经全面开展工作，为给参展企业、观众提供展会相关信息，现在需要安排工作人员进行会刊的编制工作。

请思考：会刊一般应该包含哪些内容？编制时需要注意什么？

■认知

一、展会会刊的概念

展会会刊是由主办方统一编制，集中刊登参展商信息，具有宣传展会、服务参展商与观众作用的文书。

展会会刊方便观众查找参展商、参展商相互拜访洽谈，同时分发给参展商、观众、行业协会、商会、其他机构等，起到宣传展会的作用。

二、展会会刊的写法

(一)结构

封面＋目录＋正文。

(二)条目

1. 封面

展会会刊封面设计既要美观，又要实用。要突出重要信息，包括展会的名称、时间、地点、LOGO 等。

2. 目录

会刊页数多，应设置目录便于检索。

3. 正文

(1)前言

前言简明扼要地推介展会，包括展会的意义宗旨、历史成绩、本届亮点等，还要对相关机构的支持表示感谢，对参展商和专业观众表示欢迎。

(2)办展机构及联系方式

本部分列明主办单位、承办单位、协办单位、批准单位、支持单位、合作媒体与网站、搭建单位、承运单位、酒店等，营造阵容强大、具有权威性的气氛。同时提供详细的联系方式及联系人，方便参展商与观众。

(3)展会信息

本部分列明展会时间、地点、相关活动等信息，注意将专业观众与公众区分开来。

(4)展馆信息

本部分列明展馆名称、地址、交通路线、展区及展位平面分布图。平面分布图包括展位号、位置、通道、会议室、办公室、洗手间、停车场、餐厅、出入口等信息。

(5)广告插页

本部分刊登参展商广告。

(6)参展商名录

本部分列明参展商名称、展位号、展品等。按照展位号顺序，或公司名称排列，方便检索查询。

(7)其他服务信息

其他服务信息包括调查表、备忘录、入场须知等。

(8)附送光盘或U盘

提供会刊光盘或U盘，方便查找和整理。

(三)要求

展会会刊一般设计为16开或32开，便于携带。整体风格与展会识别系统保持风格色调一致。

■案例

2021年中国发博会展会介绍①

一、展会概况

中国发博会(CHINA INTERNATIONAL HAIR FAIR，CIHF)由中国商务部批准，中国轻工工艺品进出口商会主办，创办于2005年，自2018年始在广州保利世贸博览馆举办，迄今已经成功举办11届，连续四届获商务部重点引导支持性展会。目前设美发馆、发妆馆、养发育发馆及植发馆，全面展示美发、发妆(假发)、

① 本案例来自中国发博会官网，引用时有删改。

养发育发、植发、发饰等与头发相关的产品与技术，集趋势、交流、贸易功能于一体。致力于深耕中国发业，专注服务中国发业品牌，打造全球知名的、权威的综合性发业展览盛会。

二、展会亮点

1. 全球权威，专业主题展

由商务部批准，中国轻工工艺品进出口商会主办，是全球权威的发业展览盛会；每年约有1000家品牌进行展示，展品涵盖全头发整个产业链，产品丰富，口碑保证。

2. 线上线下同步展览，立足中国，面向全球

2021年，将同步上线线上展览会，打造首届电商直播选品大会，线上线下协同联动，立足中国广州，链接日本、韩国、新加坡、菲律宾、泰国、越南等亚洲国家和地区，面向全球头发产业，突出地缘优势，发挥全球效应，丰富的产品种类将满足全产业链。

3. 四展一节，协同联动

展会同期举办第12届中国国际时尚发制品博览会暨首届全球发制品电商选品大会、2021首届中国国际美发用品进出口博览会暨电商直播选品会、2021首届中国国际养发育发(植发)博览会、2021首届国际个人护理用品博览会、2021中国国际沙龙节，四展一节同开，展品丰富，资源共享，优势互补，互通共赢。

4. 行业风向，趋势发布

展会现场举办头发全产业配套活动，论坛、比赛、秀演，多位行业大咖分享行业发展趋势，200名比赛者展示发制品行业最新技术，知名品牌发布最新潮流发型。

5. 海量资源，精准邀约

专注头发产业13年，10万十专业买家数据，通过拜访、电话、地推、社群运营等方式进行精准邀约，展会现场买家购买力强，现场成交量可观。

6. 助力交易，配对服务

2021年将举办买家与展商精准配对计划，助力展商成交，观众精准采购。买家通过官网或一对一客服提交买家计划，展会精准筛选展商与之在展期洽谈区进行配对洽谈。

点评：中国发博会的展会会刊信息量比较大，内容比较完善，为众多参展企业提供了大篇幅的宣传推广，是很好的一种宣传方式。近几年的会刊均有电子版，可在中国发博会网站(展商中心—会刊杂志)中全篇浏览。

■行动

请为“传统文化进社区”校园主题展会设计、编制一份会刊。

■反思

展会会刊作为参会人员的信息窗口，详细刊载了展览会和参展商的资料。不同位置、不同形式的会刊广告要价截然不同。请登录中国教育装备网，阅读《展会会刊》中的广告价目表，想一想如何平衡会刊广告的价格与价值。

项目四　会议执行文案

>> 任务一　会议通知撰写 <<

■知识学习目标

1. 了解会议通知的概念和种类。
2. 熟悉会议通知的特点。
3. 熟悉会议通知的写作要求和格式。

■技能素养目标

1. 掌握会议通知的写作方法。
2. 能撰写会议通知。
3. 做到爱国、敬业、诚信。

■问题

BB有限公司是香港最大的电讯公司。该公司是全港最大的通信服务供应商，也是亚洲主要的综合通信服务公司。该公司专注于拓展金融、企业、电信和公营事业四个目标市场，为亚洲各地的企业提供系统整合、应用软件开发、网络整合、外部资源、应用软件管理及企业应用服务。通过资深的信息技术专才，提供网上保安、付款平台、商业互联网入门网站、物流管理及运输配送等方面的服务。

王总监所在公司计划进军香港会展市场，"国际教育游学展"展会项目拟计划在香港开展，两家企业准备就展会合作进行协商洽谈，讨论有关香港会展市场发展情况、教育旅游产业发展现状、两方合作意向等方面的问题。为保障会议的顺利实施，王总监已安排工作人员着手会议召开的相关工作。

根据上述材料，请代为起草会议相关文案。

■认知

一、会议通知的概念

会议通知是单位召开会议前向有关单位及有关人员告知会议有关事项时所使用

的一种会务文书。广义的会议通知，包括口头会议通知和书面会议通知；狭义的会议通知，是指正式的书面会议通知。

二、会议通知的种类

按形式划分，有口头会议通知和书面会议通知两类。按规模划分，有大型会议通知、中型会议通知和小型会议通知。按传播媒体划分，有电话会议通知、电脑会议通知、电报会议通知、广播会议通知、电视会议通知等。按紧急程度划分，有紧急会议通知和一般会议通知两类。

企业常见的会议通知有公司办公会议通知、经理工作例会通知、公司员工大会通知、股东会议通知、董事会议通知、公司年会会议通知和各种业务会议通知等。

三、会议通知的特点

(一)知照性强

会议通知的内容是受文单位及其有关人员参加会议应知照的事情。

(二)使用率高

就企业而言，每周都要开工作例会或办公会议，开会前均要发会议通知。

(三)时效性

会议通知具有很强的时效性，必须在开会之前发出。

(四)专题性

单位经常针对某一个问题召开会议，这种会议通知内容单一，专题性强。

四、会议通知的写法

(一)结构

标题＋主送单位＋正文＋附件＋尾部。

(二)条目

1. 标题

标题有完整式和省略式两种。完整式标题包括发文机关、事由和文种。省略式标题只写事由与文种，如“关于××××××的通知”。通知内容简单的，则可只写文种“通知”。

2. 主送单位

写明要通知的各单位、各部门的全称或规范化简称。

3. 正文

正文一般由开头、主体、结尾三个部分组成，即“通知缘由＋通知事项＋执行要求”。通知缘由主要是交代会议召开的依据、目的意义或召开会议的背景；通知事项一般应包括会议内容、参加对象、会议的时间与地点、注意事项、联络信息等；执行要求主要是提出要求与希望。

4. 附件

一般来说会议通知应有附件，主要是会议议程、会议日程。

5. 尾部

尾部包括署名和成文日期。

(三)要求

1. 明确具体

通知的内容要明确具体。

2. 周密安排

会议有关事项的安排要周密，不能有疏漏。

3. 条理明晰

会议议程逻辑性要强，要遵循轻重缓急原则①和保密性原则，条理明晰，让与会者一目了然。

五、会议通知的格式样本

(一)样本一

关于召开××××××会议的通知

各××××、××××：

为了×××××××××，经×××××××××研究，定于×月××日召开××××××会。现将有关事项通知如下：

一、会议议题

×××××××××。

二、参加人员

×××××××××。

---

① 轻重缓急原则指的是要对工作进行合理的分类，分清工作的轻重缓急。“轻”，指的是相对重要但是不紧急的工作；“重”，指的是最重要也是最紧急的工作；“缓”，指的是既不重要也不紧急的工作；“急”，指的是不是最重要但是最为紧急的工作。在安排工作时，重急在前，轻缓在后。

三、会议时间与地点

1. 会议时间：××××年×月××—××日。

2. 会议地点：×××××××××。

四、会议报到时间与地点

1. 会议报到时间：××××年×月××—××日。

2. 会议报到地点：×××××××××。

五、其他事项

1.×××××××××。

2.×××××××××。

3.×××××××××。

联系人：×××

电话：×××××××××

传真：×××××××××

×××××××××

（印章）

××××年×月×日

(二)样本二

关于召开××××会议的通知

××××(主送单位)：

为了××××(目的)，根据××××(依据)，××××(主办单位)决定于××××年××月××日在××××(地点)召开××××会议。现将有关事项通知如下：

一、会议内容(略)

二、参会人员(略)

三、会议时间(略)

四、会议地点(略)

五、会议议程(略)

五、其他事项

1. 请与会人员持会议通知到××××(地点)报到，××××(食宿费用安排)。

2. 请将会议回执于××××年××月××日前传真至××××(会议主办单位或承办单位)。

3. ×××××××××(其他需提示的事项，如会议材料的准备等)。

4. 联系人及邮箱、电话。(略)

附件：1. 参会名额分配表（略）

2. 参会人员回执表

单位名称

（印章）

××××年××月××日

（注：非正式的会议或级别较低的会议，可以不用红头纸印发通知）

××××会议回执

姓名		性别		年龄		学　　位	
单位						职称职务	
地址						邮政编码	
E-mail						联系电话	
职务							

■案例

案例1：公司研讨会通知

××总公司关于召开第×届人才强企研讨会的通知

各事业部、分公司、人力资源部：

为了进一步贯彻落实董事会关于“人才强企”的战略，加快公司的发展步伐，经公司董事会研究，决定于2021年12日27日至29日在××××酒店召开××总公司第×届人才强企研讨会。现将有关事项通知如下：

一、会议议题

1. 总结本公司贯彻落实董事会关于“人才强企”战略的情况，表彰一批先进单位和个人。

2. 研讨本公司在新形势下如何进一步贯彻落实董事会关于“人才强企”战略的任务及其对策。

3. 各事业部、分公司、人力资源部等单位交流人力资源管理经验。

二、参加会议人员

1. 总公司董事、监事、总经理、副总经理。

2. 各事业部、分公司、人力资源部正副经理。

三、会期与会议地点

1. 会期：三天，2021年12月27日至29日。

2. 会议地点：××××酒店×楼会议室。

四、会议报到时间和地点

1. 会议报到时间：2021年12月26日下午4：00—5：00。

2. 报到地点：××××酒店一楼大厅。

五、其他事项

1. 请以事业部、分公司、人力资源部为单位，将参加会议人员的姓名、性别、职务及人力资源管理交流经验材料、研讨论文等于2021年12月20日下午4：00前用E-mail发送至总公司办公室邮箱(此处应写明邮箱地址)。

2. 各事业部、分公司、人力资源部来一辆工作用车，该司机食宿由大会安排，其余自带司机食宿自理，大会不予安排。

希望与会人员妥善安排好本部门的工作，依时参加研讨会。

特此通知。

附件：××总公司第×届人才强企研讨会议程表(略)

××总公司

(公章)

2021年12月13日

(联系人：×××　　联系电话：×××××××)

点评：这份会议通知，有如下几点值得借鉴。

1. 会议通知标题正确。标题采用公文完整式标题，由“发文机关＋事由＋文种”构成。表述准确，文字简洁。

2. 主送机关正确。

3. 正文结构完整。正文由“前言＋主体＋结尾”组成，前言写了通知的缘由、目的。通知主体的事项包括会议议题、参加会议人员、会议的时间与地点、会议报到的时间与地点、其他事项等；通知结尾提出希望。

4. 会议通知附件标注正确。

5. 尾部。尾部包括署名和成文日期。

案例2：公司办公会议通知

关于召开布置开展增产、劳动竞赛会议的通知

各分公司、分厂、各车间党支部、总公司直属各部门：

为贯彻××××精神，总公司董事会研究决定在全公司范围内广泛开展增产节约劳动竞赛活动。现将会议有关问题通知如下：

一、会议时间：10月4—8日。

二、会议地点：总公司办公楼。

三、与会人员：各分公司、分厂、总公司直属部门主管生产的负责同志、工会主席等。

四、请各单位准备好本单位开展劳动竞赛活动的经验材料，限5000字，报到时交给会务组。并请与会人员10月4日前来报到。

××总公司

(公章)

2021年9月8日

点评：这篇会议通知存在较多不足，诊治如下。

1. 标题的事由不明确。宜改为“关于召开开展增产节约劳动竞赛活动会议的通知”。

2. 主送机关不正确。党政不分，党组织与生产部门不能并列发文，行政、党务各有专门的发文渠道。宜改为“各分公司、分厂、车间，总公司直属各部门”。

3. 会期过长。此种会议不需要5天时间，从会议的内容来看，3天就足够了。

4. 会议通知内容缺失。没有会议主题、报到地点、联系方式和邮箱。

5. 会议通知事项不具体。会议时间用“10月4日前来报到”来表述不够具体，会议时间要写到时分；“会议地点：总公司办公楼”表述也不够具体，会议地点要写到楼层和房间号。

6. 与会人员必须明确范围，不能用“等”来涵盖。

7. 劳动竞赛工作还未布置，就要求各单位形成经验材料，时间顺序错乱。

案例3：参展通知

关于组织参加2020年中国国际工业设计博览会的通知①

浙经信服务便函〔2020〕77号

各市经信局，各国家级工业设计中心、省级特色工业设计示范基地：

为进一步推动我国工业设计发展，继2017年成功举办首届中国工业设计展览会后，日前，工信部印发了《关于转发2020年中国国际工业设计博览会总体方案的函》(工政法函〔2020〕619号)，现将有关事项通知如下：

一、博览会基本情况

2020年中国国际工业设计博览会由湖北省人民政府作为指导单位，武汉市人民政府、湖北省经济和信息化厅、工业和信息化部国际经济技术合作中心、中国国际贸易促进会电子信息行业分会为主办单位，将于2020年12月11日至13日，在武汉国际博览中心(B5、B6展馆)举办，展览面积2万平方米。

本届博览会分为综合展区、地方展区、设计扶贫展区、工业设计防疫抗疫展区和武汉创新展区。地方展区展示能够体现各地工业设计发展水平的工业设计企业和作品，包括国家级和省级工业设计中心，重点包括装备制造行业、电子信息行业、消费品行业等相关行业。展览会期间举办开幕式、高峰论坛、展览会评奖、新品发布会、设计师之夜、国家级工业设计中心和国家工业设计研究院宣介、专场参观等活动。

按照博览会方案，国家级工业设计中心以特装形式参展，参展面积不少于36平方米(4个展位)。各省(区、市)展览面积原则上不少于135平方米(15个展位)，展览以特装形式呈现。为减轻企业的参展负担，鼓励企业积极参与展示和交流活动，本届博览会由举办地人民政府提供部分财政资金补贴，综合展区、设计扶贫展区、工业设计防疫抗疫展区搭建费及参展企业展览场地费、展览所需的水电气费、

① 本案例来自浙江省经济和信息化厅网站，引用时有删改。

相关宣传和活动经费等由主办方承担，特装展位的搭建费、展品运输费、人员食宿费等由企业承担。

二、动员企业积极参展

(一)各市要积极动员所在地的国家级工业设计中心、省级特色工业设计示范基地、省级重点企业设计院、省级工业设计中心、工业设计企业等积极报送优秀设计产品(作品)参展并参与设计对接活动。展会期间，各市经信局可结合当地工作实际，组织经信系统相关人员、有关工业设计企业、有关制造企业赴会观摩、交流和对接，扩大工业设计的宣传和推广。展会期间的食宿费用自理。

(二)各国家级工业设计中心要按照工信部要求，积极报名参展，参展面积不少于36平方米(4个展位)，展示近年来的设计发展成就。按照展览方案，国家级工业设计中心以特装形式参展，展示要求以实物为主，实物、模型、影视、图片文字相结合，适当增加体验和互动内容，提升观众的观展感受。

三、做好相关组织工作

(一)为做好我省参展组织工作，委托浙江省工业设计协会具体负责我省展区的组织、协调、联络工作，协助做好国家级工业设计中心的参展。浙江地方馆将集中展示良渚梦栖设计小镇、省级特色工业设计示范基地、省级重点企业设计院、省级工业设计中心等成果。

(二)各国家级工业设计中心要抓住机遇，充分展示近年来取得的成效，起到引领、带动、示范作用。

2020年中国国际工业设计博览会总体方案详见浙江省经济和信息化厅官方网站。

请各市及时动员，组织企业报名参展，并于9月30日前将参展报名表(详见附件)报省工业设计协会，联系人：×××，联系电话：0571－××××××××，×××××××××××，邮箱：××××@163. com。

参展及相关工作联络：(略)

附件：2020年中国国际工业设计博览会参展报名表(略)

浙江省经济和信息化厅

2020年9月24日

点评：这份会议通知格式正确、内容完整，是一份很好的通知范文。

■行动

1. 根据会议通知的写作要求，拟一份有关的会议通知。

广州××电子集团公司因业务发展的需要，选举产生了新一届董事会。值此辞旧迎新之际，决定召开集团公司管理人员大会，就新一届领导班子及机构调整作出部署和安排。时间：2021年12月20日上午9：00。地点：公司综合楼东201室。

与会人员：集团公司各部门正职管理人员，各分公司、分厂车间以上正职人员等。

2. 请拟写一份主题班会的通知，内容自拟。

■反思

发通知应注意哪些要点？

>>任务二　会议议程撰写<<

■知识学习目标

1. 了解会议议程的概念和特点。
2. 熟悉会议议程的种类。
3. 熟悉会议议程的写法。

■技能素养目标

1. 能根据具体项目，撰写会议议程。
2. 学会明礼诚信。

■问题

“国际教育游学展”展会项目与BB有限公司的合作会议即将召开，请为会议拟写一份议程。

请思考：拟写议程需要考虑哪些因素？如何起草一份会议议程？

■认知

一、会议议程的概念

会议议程是指对会议已确定的议题或要解决和处理的问题进行先后次序安排的会务文书。会议议程也是主持人撰写主持词的依据。

二、会议议程的特点

(一)结构形式简单

会议议程结构形式一般可采用条文式或表格式两种。

(二)安排事项科学

会议议程要遵循轻重缓急和保密事项放后的原则。

(三)语言表达简洁

会议议程要求用准确的语言进行表达，力求简练。

三、会议议程的种类

按规模划分，可分为大型、中型和小型会议议程三大类。按重要程度划分，可分为重要会议议程和一般会议议程两大类。按形式划分，可分为条文式和表格式会议议程两大类。

四、会议议程的写法

(一)结构

标题+正文+尾部。

(二)条目

1. 标题

标题由“会议名称+议程”组成。范例 1：“广东××旅游总公司 20××年年会议程”。范例 2：“××仓储物流管理公司办公会议议程”。

2. 正文

正文一般分两层来写，第一层写会议的时间、地点和主持人；第二层写会议具体事项，按轻重缓急的原则分条列款编排。若有保密性较强的议题，一般放在最后面。

3. 尾部

尾部写主办单位的名称和举行会议的日期。

■案例

案例 1：新春茶话会议程

广东省写作学会 20××年新春茶话会议程

会议时间：20××年×月××日上午 9：50—12：00

会议地点：广东××职业技术学院东校区工业实训中心 903 室(会议室)

主 持 人：×××

会议议程：

1. 介绍出席“新春茶话会”的领导和嘉宾(9：50)

2. 宣布“广东省写作学会 20××年新春茶话会”正式开始(10：00)

3. 广东××职业技术学院副院长×××教授致欢迎词(5 分钟)

4. 广东省写作学会会长×××教授作《广东省写作学会 20××年工作报告》(20 分钟)

5. 第一轮抽奖(5 分钟，抽三等奖 20 名)

6. 会员第一阶段学术交流(10：30—10：50)

7. 第二轮抽奖(3 分钟，抽二等奖 10 名)

8. 会员第二阶段学术交流(10：53—11：13)

9. 第三轮抽奖(2 分钟，抽一等奖 2 名，特等奖 1 名)

10. 广东省写作学会副会长×××教授作大会总结(11：15—11：20)

11. 全体与会人员照相留念(11：20—11：30)

12. 分两批参观广东××职业技术学院校史馆(工业实训中心二楼)(11：30—12：00)

13. 午宴(12：30)(地点：广东××职业技术学院广州校区××餐厅)

广东省写作学会

20××年×月××日

点评：这是一篇条文式会议议程，有如下几点值得借鉴。

1. 会议议程格式规范，结构完整，要素齐全。

2. 会议事项能按轻重缓急原则进行安排，时间分配比较合理，条理清楚。

3. 语言表达简洁。

案例 2：公司会议议程

××公司会议议程表

公司销售团队会议将在 5 月 25 日(星期一)上午 9：00 在公司总部的三号会议室举行。

1. 销售二部经理的人选

2. 东部地区销售活动的总结

3. 上次会议的议定事项

4. 销售一部关于团队沟通问题的发言

5. 下季度销售目标

点评：1. 这份会议议程格式不规范，缺乏会议的名称。

2. 会议议程不够完整，没有突出会议的目的。

3. 没有按照一定的轻重缓急、合并同类等原则进行排列，按此议程开会势必会影响会议效率。

宜改为：

××公司销售团队会议议程

会议时间：××××年 5 月 25 日(星期一)上午 9：00—11：30

会议地点：公司总部办公楼三楼会议室

主持人：×××

会议议程：

1. 报告缺席人员情况

2. 宣读并通过上次会议议定事项

3. 通信联系情况

4. 东部地区销售活动的总结

5. 销售一部关于团队沟通问题的发言

6. 公司销售人员的招聘和重组

7. 销售二部经理的人选提名

8. 讨论决定下季度销售目标

9. 团队负责人作会议总结

××公司销售团队

××××年5月22日

■行动

1. 请你根据以下信息，拟写总公司办公会议议程。

广州××总公司定于2021年5月20日上午9：00在公司总部第一会议室召开总公司办公会议，目前决定上会的事项有：研究总经理助理的人选问题；讨论7月1日下午3：00在公司培训中心A厅举行“庆祝中国共产党诞辰100周年大会”的具体事宜；讨论“七一”慰问公司老党员费用额度问题；讨论生产部主管人员调整问题；讨论7月开展“安全生产月”活动事宜；讨论如何开展第三季度商品促销活动；讨论7月中旬组织青年员工参加野外拓展训练活动的实施问题。总公司要求各分公司、各部门负责人参加。

2. 针对以下议题，谈谈你的看法。

(1)会议中心与会议酒店。

(2)企业会议策划与运营管理。

(3)会议城市。

(4)社团会议。

(5)会议产业新媒体新技术。

■反思

如何合理安排多天型大型会议?

>> 任务三　会议邀请函撰写 <<

■知识学习目标

1. 了解邀请函的概念和特点。

2. 熟悉邀请函的种类。

3. 熟悉邀请函的写法。

■技能素养目标

1. 能识别邀请函的种类。

2. 能撰写邀请函的内容。

3. 做到爱岗敬业。

■问题

“国际教育游学展”展会项目与BB有限公司的合作会议即将召开，会议拟邀请内地和香港的教育界人士、院校专家、旅游服务产业等相关专业人士参会。

请思考：如何策划、组织并寄送会议邀请函等相关材料？

■认知

一、邀请函的概念

邀请函，也叫邀请信(书)，是邀请他人参加业务洽谈、访问交流、学术课题研讨、项目工程合作研究、重大会议等各种事务活动，并向被邀请者交代相关事项而发出的一种带有情感色彩的书信。

二、邀请函的特点

邀请函除了具备公关礼仪文书的共同特点之外，还具有以下特点。

(一)内容精简

邀请对象、原因、时间、地点及相关事项等一目了然，力求篇幅简短。

(二)措辞典雅

语言庄重、典雅，敬语谦辞合乎情景。

(三)外观精美

注重外观形式的美观和精致，版面设计根据活动的内容和风格力求新颖别致。

三、邀请函的种类

按内容和用途分类，有会议类请柬和邀请函，专为庆祝会、纪念会、座谈会等发出；活动类请柬与邀请函，专为仪式、宴请等发出；工作事务类请柬与邀请函，专为事务的洽谈与合作等发出。

随着现代信息技术的发展，电子邀请函得到了越来越广泛的使用。

四、邀请函的写法

(一)结构

标题＋主体(称谓、正文、结尾)＋ 尾部(落款、日期、附项等)。

(二)条目

1. 标题

标题一般就是文种。居中写明“邀请书”“邀请函”“邀请信”或“×××邀请函”等。也可在标题中写出发邀请书的单位或组织名称。

2. 称谓

在正文的上一行顶格写被邀请者(个人或者单位)名称，称谓之后加冒号。个人姓名后可加“书记”“校长”等职务头衔，或者“先生”“女士”等尊称。单位名称用全称。

3. 信头问候语

信头向被邀请人简单问候以示尊敬。也可省略。

4. 正文

在称谓下一行或下两行空两格写正文内容，交代清楚邀请的目的、原因、时间、地点、具体活动内容和细节安排、相关事项说明等。

5. 结尾

结尾再次表达对被邀请者的尊敬和敬意，通常写“敬请光临”“敬请莅临”“敬请光临指导”“恭候光临”等礼貌用语。

6. 尾部

尾部包括落款(发邀请函的单位名称或个人姓名)、日期、附项(如联系人、电话、传真、邮编、联系地址、E-mail、邀请回执单等)。如果单位名称在标题中已标出，可省略，但为了表示礼貌，一般会再次注明。

(三)要求

请柬与邀请函的具体写作要求应当包括以下三个方面的内容。

1. 简明扼要

结构完整，内容清楚具体。目的明确不能含糊，时间、地点要准确。如有需要注意的事项，如联系人、联系电话，食宿或携带物品、文件要求，交通路线等，要加以注明。

2. 措辞典雅

语言简约、诚恳、庄重、典雅，让被邀请者充分感受到尊重和愉悦。除用礼貌用语外，语气应带有希望、请求之意，以表诚心。书写力求美观悦目，工整流畅。

3. 讲究时效

发送时间要恰当，根据活动的要求和特点来确定其发送时间，一般提前半个月或一个月为宜。

(四)制作邀请函封面

邀请函的用途非常广泛，生日聚会、结婚典礼、节日庆典等都需要使用。邀请函也可以在商店购买，但大多设计大众化，简单、单一。可以利用文字处理软件来制作一份个性鲜明的邀请函。邀请函封面主要包括图片、边框、背景、文字几个部分。

1. 实训前的准备

根据邀请函的主题，搜集相关的图片素材。

2. 实例操作步骤

(1)步骤一：确定邀请函的尺寸

①单击菜单栏【文件】|【页面设置】命令，弹出如图 4-3-1 所示【页面设置】对话框。将【页边距】的【上】【下】【左】【右】文本框均设置为 0.2 厘米，方向设置为纵向。单击【确定】完成操作。

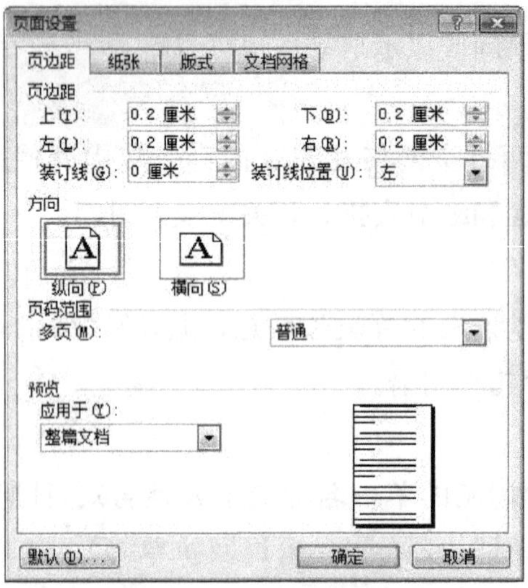

图 4-3-1　页面设置对话框

②单击【纸张】选项卡，进行邀请函尺寸的设定，如图 4-3-2 所示，将【纸张大小】设置为【自定义大小】，设置【高度】和【宽度】分别为 25 厘米和 16 厘米。单击【确定】完成操作。

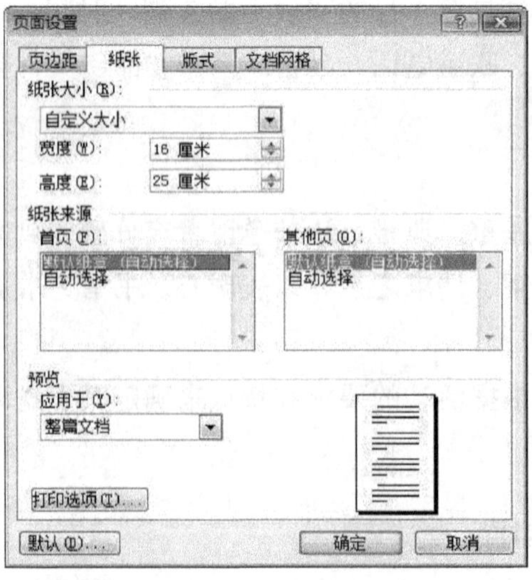

图 4-3-2　设置纸张大小

(2)步骤二：纵观全局制作邀请函

①单击菜单栏【视图】|【显示比例】命令，弹出如图 4-3-3 所示【显示比例】对话框，选择 75%显示比例(该显示比例可以根据具体的制作尺寸来设定)，单击【确定】完成操作。

图 4-3-3 设置文档显示比例

②设置邀请函的正反两面。当前页面作为邀请函的反面，按 Ctrl+Enter 键分页回车换行，生成第二个页面，作为邀请函的正面，如图 4-3-4 所示，调整之后看看是否满意，对后续的工作是否方便。

图 4-3-4 设置邀请函正反面

(3)步骤三：邀请函艺术边框

选择菜单栏【格式】|【边框和底纹】命令，弹出如图 4-3-5 所示【边框和底纹】对话框，单击【页面边框】选项卡，在【艺术型】下拉菜单中选择所需图案，【宽度】设置为 10 磅(默认为 20 磅)。单击【确定】完成操作。

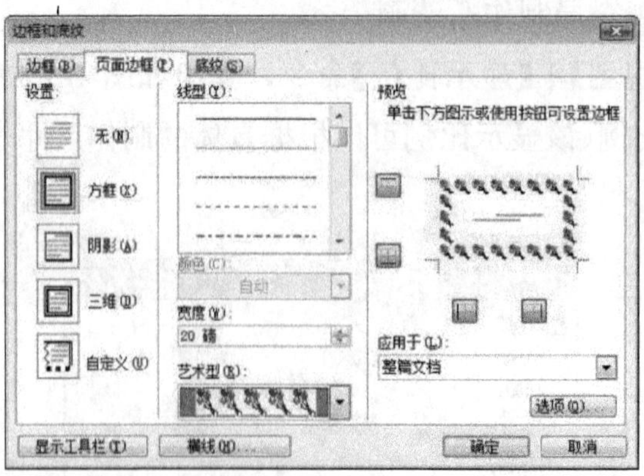

图 4-3-5　设置边框

(4)步骤四：添加邀请函背景

①选择【格式】|【背景】|【其他颜色】命令，弹出如图 4-3-6 所示【颜色】对话框，选取背景颜色。单击【确定】完成操作。

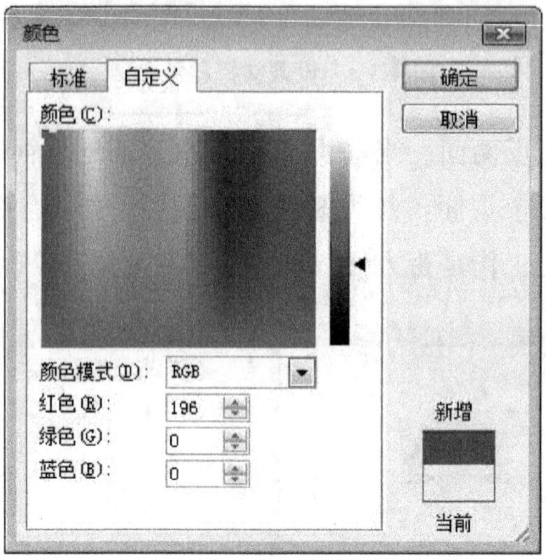

图 4-3-6　设置背景颜色

②选择【插入】|【图片】|【来自文件】，选择已准备好的背景图片插入。选中图片，单击右键，选择【设置图片格式】选项，打开【设置图片格式】对话框，选择【版式】选项卡，在【环绕方式】中选择【浮于文字上方】，然后移动图片至如图 4-3-7 所示位置。

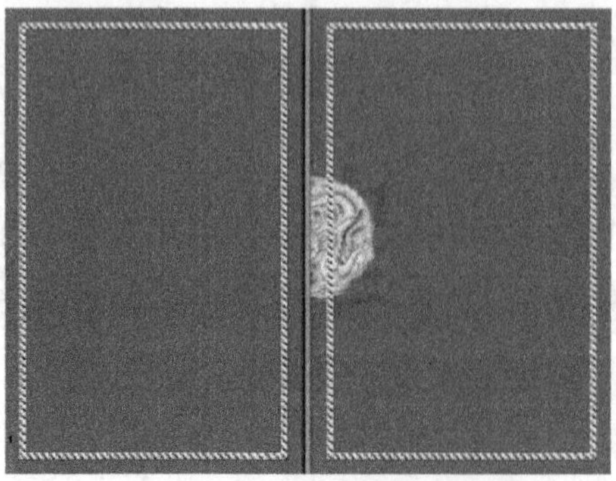

图 4-3-7　插入图片后效果

(5)步骤五：添加装饰图片

①选择【插入】|【图片】|【来自文件】，选择已准备好的装饰图片插入。调整图片大小、位置、整体布局。效果如图 4-3-8 所示。

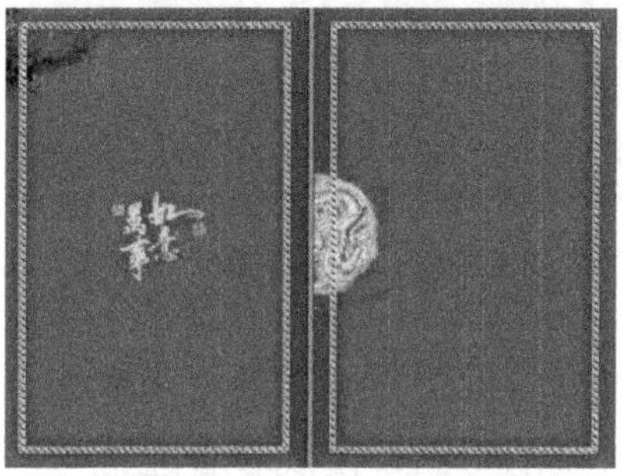

图 4-3-8　邀请卡效果图

②插入邀请函图片，设置【文字环绕】为【浮于文字上方】，调整图片位置及大小，效果如图 4-3-9 所示。

图 4-3-9　邀请卡效果图

③插入艺术字图片，内容为“2008 新春答谢会”，设置艺术字图片【文字环绕】为【浮于文字上方】，调整图片位置及大小，效果如图 4-3-10 所示。

图 4-3-10　邀请卡效果图

④在邀请函封面的正面底部输入发出邀请的单位名称“浙江义乌工商学院”，设置文字字体、字号、颜色等。本例为华纹云彩、常规、初号、白色。效果如图 4-3-11 所示。

图 4-3-11　邀请卡最终效果图

总的来说，利用文字处理软件制作邀请函封面简单、方便，并且可以根据自身实际需要制作出个性比较鲜明的封面，使观看者通过封面能对邀请函的基本信息有初步并且深刻的了解。

■案例

关于邀请出席广东××职业技术学院管理工程系
文秘专业课程体系改革研讨会的函

尊敬的××公司副总裁×××先生：

为使文秘专业定位更加准确，课程设置、教学计划更加符合职业岗位要求，突出高职特色，优化文秘专业的培养目标，现邀请您出席我系举办的文秘专业课程体系改革研讨会，并请您作主题发言。

一、会议议题

1. 研讨文秘专业核心能力，制订文秘专业人才培养方案。

2. 研讨秘书岗位能力与课程体系改革。

二、与会人员

1. 管理工程系党政领导和文秘教研室全体老师。

2. 管理工程系专业建设委员会专家委员。

三、会议时间、地点

1. 时间：20××年×月××日(星期×)上午 8:30—11:30。

2. 地点：广东××职业技术学院工业实训中心 906 会议室。

四、专家发言

请您就文秘专业核心能力、人才培养方案和专业课程设置等方面作主题发言。

五、集体研讨

文秘教研室老师与专家交流，商定文秘专业核心能力、人才培养方案和专业课程设置等。

敬请莅临指导！

　　此致

敬礼！

广东××职业技术学院管理工程系

（印章）

20××年×月×日

（联系人：×××，电话：××××××××××××）

点评： 这是一份研讨会邀请函。称谓采用敬称，将职位与称呼结合使用，体现对被邀者的尊重。正文主体逐一交代了邀请的目的，研讨会的议题、时间、地点和要求，以及邀请对方作主题发言。附项写明联系人及电话。全文思路清楚，措辞谦恭得体，充分体现出邀请函的特点。

■行动

请参考第七届中国DDGS大会邀请函，为"传统文化进社区"校园主题展暨"传统文化再出发"论坛拟一份邀请函。

第七届中国DDGS暨高粱、大麦大会邀请函

2016　中国·青岛

各相关企业：

"去产能""去库存"无疑是2016年度备受关注的新闻热词。近年来，中国农业出现了产量高、进口量高和库存量高的"三高"怪现象，长达8年的玉米临储政策取消，去玉米库存成了政府和主管部门的头疼事儿；1月12日进口DDGS双反立案；大麦、高粱、木薯和玉米酒糟被纳入自动进口许可管理；中国要求加拿大油菜籽船货中的杂质不超过1%。国家出台一系列的政策似乎要挡住浩浩荡荡的进口农产品，然而事实真的如此吗？

这一年，高粱、大麦、DDGS的进口似乎并未受政策的影响。1—4月，高粱进口高达296万吨，与去年同期320万吨基本持平；DDGS 111万吨的进口量略高于去年同期的100万吨；仅仅大麦进口同比去年锐减到120万吨；国内猪肉价格的暴涨导致猪肉进口几何级的增长不得不令人惊讶咋舌！

面对当前复杂的形势，我们要保持清醒的认识。中国不断推进的城镇化进程，二孩政策的全面放开，会助推高消费的城镇人口增长速度；中国政治稳定，经济结构调整顺利推进，若能维持经济的中高速增长，工业化进程会加快，耕地和水资源的压力会更大，对肉、蛋、奶等高质量食品的需求会持续增长，中国粮食的增长速度极有可能无法满足对粮食刚性需求持续增长的速度；要弥补供求缺口，按照中央口粮绝对安全、非口粮通过国际市场平衡的大政方针，用于饲养业和工业深加工的玉米、高粱、大麦、DDGS、菜粕等原料的进口必然会常态化。从国家政策的趋向看，支持进口这些原料远比进口猪肉、牛羊肉、鸡肉、奶及奶制品、糖、食品的产成品及半成品对国内产业和国家经济有利得多。

4月以来大宗商品及农产品的轮番暴涨，究竟是基本面的改善，还是对冲基金及游资的炒作？后续能否延续上涨行情？进口DDGS双反一旦成立，对后市价格及进口的影响几何？世界高粱、大麦和菜粕等能否满足中国将来常态化进口需要？中华食物网定于9月9日在青岛召开"第七届中国DDGS暨高粱、大麦大会"，本届大会将围绕这些热点问题，搭建供需双方对接平台，深入探讨和沟通，寻求玉米、DDGS、大麦及高粱等饲料原料贸易共赢。本届大会除继续与美国谷物协会、美国

高粱基金会合作外，特别邀请了高粱、大麦、菜粕主要出口国澳大利亚、加拿大相关商会和供应商合作，派人到会演讲或设展，对参会嘉宾所关心的出口国的生产、品质、使用、出口、价格等与大家面对面交流、解惑答疑。诚邀您拨冗莅临。

中心议题：

- 豆粕4月份以来暴力拉升，玉米、DDGS价格持续上涨，农产品春天来临了吗？
- 玉米去库存是否真的可以阻挡饲料原料的进口？
- 进口DDGS双反进展及对进口的影响。
- 世界高粱、大麦的生产、使用及出口。
- 厄尔尼诺和拉尼娜对全球农产品供求和价格影响几何？
- 在动荡的市场中，企业如何避险及把握市场机会？

一、会议时间：2016年9月8日报到，9月9日开会

二、会议地点：青岛汇泉王朝大酒店
青岛市市南区南海路9号

三、主办单位：美国谷物协会
中粮集团有限公司
大成食品亚洲有限公司
中华食物网公司

四、协办单位：美国高粱基金会
澳大利亚谷物协会
加拿大菜籽协会
加拿大大麦协会

五、赞助单位：略

附件一：第七届中国DDGS暨高粱、大麦大会日程（略）

附件二：第七届中国DDGS暨高粱、大麦大会参会回执表（略）

■反思

2021年4月20日上午，博鳌亚洲论坛2021年年会开幕式在海南博鳌举行，国家主席习近平以视频方式发表题为《同舟共济克时艰，命运与共创未来》的主旨演讲。这场会议立意高远，影响深远。请学习习近平主席的这篇演讲词，体会如何立足更高立意弘扬会议理念，吸引受众，扩大影响力。

>> 任务四 会议赞助方案撰写 <<

■知识学习目标

1. 了解会议赞助的概念和类型。
2. 熟悉会议赞助的目的。
3. 熟悉赞助方案的写法。

■技能素养目标

1. 能区别会议赞助的各类型。
2. 能撰写会议赞助方案。
3. 了解世情国情民情。

■问题

"国际教育游学展"展会项目与BB有限公司的合作会议即将召开，会议筹备方计划采取赞助的形式筹集一部分资金。

请思考：如何起草一份会议赞助方案？

■认知

一、会议赞助的概念

会议赞助是社会组织以提供资金、产品、设备、设施和免费服务等形式无偿赞助某一会议的一种公关专题活动。会议赞助活动是一种对会议作出贡献的行为，是一种信誉投资和感情投资，是企业改善社会环境和社会关系最有效的方式之一。

二、会议赞助的类型

主要包括以下四种类型：①现金赞助，通过捐献现金的方式提供赞助；②实物赞助，通过向会议捐献产品、设备、设施等实物的形式进行赞助；③技术赞助，通过向会议提供相关技术进行赞助；④服务赞助，通过向会议提供服务的形式进行赞助。

三、会议赞助的目的

任何一个社会组织的赞助都会有自己的具体目的，概括起来，主要有四种。

一是通过赞助活动做广告，增强广告的说服力和影响。一方面可以将赞助活动作为广告宣传的载体，使公众获益，以赢得公众的普遍好感；另一方面可以通过赞助所获得的"冠名权"提高广告的效果。

二是树立组织关心社会公益事业的良好形象。现代企业不仅要盈利，还要承担一定的社会责任与义务。赞助社会活动是企业向社会表示其承担责任与义务的方式之一。赞助活动的开展，有助于企业赢得政府与社区的支持，从而为企业组织的生存与发展营造相对宽松的社会环境。

三是培养与社会公众的良好感情。举办与公众密切相关的赞助活动，能够有效地培养社会组织同公众的情感，增进彼此之间的友谊，加强双方的联系，使公众在内心深处认同社会组织。

四是制造新闻效果，扩大社会组织的认知度，提高组织在公众中的美誉度。

四、会议赞助方案的写法

(一)结构

标题+正文+尾部。

(二)条目

1. 标题

有完整式标题、省略式标题和双标题三种。完整式标题包括会议名称和文种，如“第24届港口大会展览会赞助方案”。省略式标题只写文种，如“赞助方案”。双标题格式主标题写赞助方案，副标题介绍会议，如“赞助方案——上海国际新能源汽车会议赞助方案”

2. 正文

正文一般包括以下几个部分。

(1)会议介绍

对会议举办情况进行介绍，重点向赞助商介绍本次会议的意义、重要性及影响力。

(2)宣传回报

介绍本次会议将为赞助商提供的各种宣传方式，为赞助商参与赞助进行利益分析，让赞助商产生参与赞助的热情。

(3)赞助内容

向赞助商推介赞助的各种方式。

(4)联系方式

向赞助商介绍参与赞助的联系方式。

3. 尾部

尾部包括署名和成文日期。

■案例

案例1

××××大型演讲会赞助合作方案

(一)冠名赞助机构

赞助类别：冠名赞助机构

赞助名额：1名

赞助金额：1万元以上(含1万元)

赞助方式：现金

赞助回报：

冠名赞助机构主要负责人一名在大会开幕式上致辞；

邀请冠名赞助机构一名主要负责人在显要席位就座，享受贵宾待遇；

为冠名赞助机构提供20张价值800元的参会券，邀请企业的尊贵客人作为嘉宾；

可安排冠名赞助机构优秀员工一名，在台上作20分钟的公司、产品介绍；

安排冠名赞助机构主要负责人与大会特别嘉宾见面、合影、用餐(若安排，仅限两名)；

可在×××集团官方网站进行鸣谢，出现企业LOGO或企业名称，并提供企业网站链接；

在本次大会的宣传册、邀请函、票务等相关宣传物品资料中列明冠名赞助机构；

为冠名赞助机构提供产品成果展示区域；

在大会主席台现场背景板上出现冠名赞助机构名称和标识；

主持人在会议现场及活动过程中鸣谢冠名赞助机构；

企业宣传材料可在大会现场摆放，供参会的嘉宾和企业领袖取阅，并可在记者招待会现场发放(展台尺寸、摆放地点及方式须由组委会统一计划，展台制作、搭建和拆除等相关费用由赞助商自理)；

可在会场摆放企业宣传展架，摆放时间为一天(与会议其他赞助商一起摆放)；

接待处可摆放冠名赞助机构X展架一个；

会场统一派发冠名赞助机构的宣传册或相关宣传广告；

会议现场播放视频片头穿插30秒冠名赞助机构广告。

(二)特别赞助机构

赞助类别：特别赞助机构

赞助名额：不限

赞助金额：5000元

赞助方式：现金或物资

赞助回报：

邀请特别赞助机构一名主要负责人在显要席位就座，享受贵宾待遇；

为特别赞助机构提供10张价值300元的参会券，邀请企业的尊贵客人作为嘉宾；

安排特别赞助机构主要负责人与大会特别嘉宾见面、合影、用餐(若安排，仅限一名)；

可在×××集团官方网站进行鸣谢，出现企业LOGO或企业名称，并提供企业网站链接；

在本次大会的宣传册、邀请函、票务等相关宣传物品资料中列明特别赞助机构；

在大会主席台现场背景板上出现特别赞助机构名称和标识；

主持人在会议现场及活动过程中鸣谢特别赞助机构；

企业宣传材料可在大会现场摆放，供参会的嘉宾和企业领袖取阅，并可在记者招待会现场发放(展台尺寸、摆放地点及方式须由组委会统一计划，展台制作、搭建和拆除等相关费用由赞助商自理)；

接待处可摆放特别赞助机构X展架一个(展位有限，先入会先安排，场地不够时请谅解)；

会场统一派发特别赞助机构的宣传册或相关宣传广告；

会议现场播放视频片头穿插10秒特别赞助机构广告。

(三)同台演讲老师

参与类别：同台演讲老师

参与名额：不限

参与金额：3000元

参与方式：现金或购买等价参与券

参与回报：

与大会特别嘉宾见面、合影、用餐；

可在×××集团官方网站进行推广宣传；

可与嘉宾、主办方成为兄弟合作关系；

主持人在会议现场及活动过程介绍演讲老师；

会场统一摆放演讲老师宣传展架；

现场营销自己，和更多的高端商务人士取得联系；

拓宽自己的人脉，提高自己的知名度。

点评：该赞助方案结构完整，赞助费用及回报形式条理明晰，说明准确。

案例2

20××智能电网峰会赞助方案[①]

(一)提供宣传展示机会

1. 与用户实现深入互动：企业参与峰会的协办，将通过多种方式与500余名参会代表进行充分的互动交流，在获得第一手资料的同时有效提升企业社会形象。

2. 专业展览展示+专业级观众：会议期间将设置电力行业先进技术和成果展

① 本案例来自中国光学工程学会官网，引用时有删改。

示区，观众均为电力系统从业人员，针对性强。

3. 专项载体进行品牌宣传：提供闭门会议发言、展板广告、印刷品广告、会议用品广告、网址广告等多种宣传形式，有效展示企业品牌形象，提升企业影响力。

4. 灵活多样的定制方式：可根据企业需求，进行定制化赞助，设计相关专题会议和议题，组织邀请相关领导、专家和代表，提升企业宣传的针对性。

(二)条件要求

1. 协办企业应有良好的社会声誉，境内境外企业均可；

2. 协办企业的产品(或服务)应是所在行业知名品牌；

3. 协办企业及其产品(或服务)应与电力行业有关。

(三)综合赞助

1. 白金赞助(联办单位)，支持金额10万元，主要享受以下权益：

(1)公司作为20××智能电网峰会联办单位，享有白金合作地位，大会官网、会议主要出版物、宣传材料、背景板等出现单位名称；

(2)公司可参加智能电网创新应用圆桌对接会(闭门会议)与电力专家详细对接交流；

(3)公司领导作为嘉宾出席20××智能电网峰会VIP欢迎晚宴；

(4)大会第一排嘉宾席安排一位领导出席；

(5)公司领导作为嘉宾出席20××世界物联网无锡峰会嘉宾大会开幕式；

(6)优先挑选会议室外展桌位置，会议同期产品展示(包括现场摆放产品、易拉宝、宣传资料等)；

(7)会议手册中设置公司宣传位置并在会刊中刊登彩色广告一页或公司宣传资料(限量一份)，与会议资料一并发放；

(8)可于会后获得代表通讯录；

(9)公司可在学会及联盟微信公众平台上做品牌宣传；

(10)会场门口可放置公司易拉宝2个；

(11)在论坛资料袋中放置公司宣传册；

(12)联办单位拥有免费参会名额10个(会议资料、午餐；免费参加所有活动)。

2. 黄金赞助(支持单位)，支持金额6万元，主要享受以下权益：

(1)享有黄金合作地位，大会官网、会议主要出版物、宣传材料、背景板等出现支持单位名称；

(2)大会第一排嘉宾席安排一位领导出席；

(3)欢迎酒会上企业领导致辞；

(4)优先挑选会议室外展桌位置，会议同期产品展示(包括现场摆放产品、易拉宝、宣传资料等)；

(5)主办方将通过引荐、对接洽谈等形式安排企业与会议专家建立联系、开展洽谈、促成合作；

(6)会刊上刊登彩页广告一页；

(7)参会名额6个。

(四)单项赞助

1. 欢迎酒会赞助，支持金额5万元，主要享受以下权益：

(1)大会官网、会议主要出版物、宣传材料、背景板上出现欢迎酒会赞助单位名称；

(2)欢迎酒会上企业领导致辞；

(3)酒会现场可放置易拉宝2个；

(4)免费提供会场外展桌一张；

(5)参会名额5个。

2. 会议茶歇赞助，支持金额3万元，主要享受以下权益：

(1)会场茶歇2天，赞助者可在会场门口与茶歇处摆放企业易拉宝并标明赞助(限2名)；

(2)参会名额3个。

3. 产品展示(由于场地有限，本次活动优选10家企业进行展示)，支持金额2万元，主要享受以下权益：

(1)会议同期产品展示(包括现场摆放易拉宝、宣传资料等)，组委会在会场外提供展桌一张；

(2)参会名额2个。

4. 资料发放，支持金额1万元，主要享受以下权益：

(1)在会议文集文件上刊登一页彩色A4/B5广告或在大会会议资料袋中放置单位宣传资料(以上方式二选一)

(2)参会名额1个。

5. 参会费：会议费2000元/人。

组委会联系人：

中国光学工程学会：×××

联系电话：××××××××××××；××××××××××××

邮箱：×××@csoe.org.cn

点评：该赞助方案站在利益相关者的立场，将赞助方案分为综合赞助与单项赞助两大类，其中综合赞助采用整体打包的形式，分为白金级、黄金级，成本收益交代清晰，一目了然。

■行动

请根据下列材料，为会议主办方设计一份赞助方案。

中国会展经济国际合作论坛是中国国际贸易促进委员会(CCPIT)、国际展览业协会(UFI)、国际展览与项目协会(IAEE)与独立组展商协会(SISO)合作，共同主办的一年一度的会展业国际盛会，是世界三大展览专业论坛之一。第十六届中国会展经济国际合作论坛(CEFCO 2020)在广西南宁隆重举行。本届论坛以“展无界，会无限”为主题，打造“运营”、“科技”和“市场”三大论坛内容主线，旨在促进中国会展业转型升级，推动中外会展业交流合作。这是迄今为止国内会展行业国际化色彩最强、规模最大、最具商机的国际大会。预计届时将有 20 个国家和地区的会展企业、行业组织和政府部门代表 800 余人参会。它将为国内外会展企业，特别是为中国会展企业提供具有空前意义的国际合作平台，必将对中国会展业的发展产生巨大影响。按照国际惯例，CEFCO 2020 欢迎海内外相关机构提供赞助，组委会将为所有赞助者提供超值商业回报。

建议赞助方案提纲如下：

一、赞助价值

二、赞助项目简要说明

三、各类赞助机构重点回报条款简介

(一)现金赞助

(二)实物赞助

四、各级赞助项目详细说明

五、联络、协议签署及付款

六、赞助事宜联系

反思

1. 如何认识并做好会展节庆商业赞助？

2. 关于奥运赞助的故事：商业运作拯救奥运会。

项目五　公共传播文案

>>任务一　展会广告文案撰写<<

■知识学习目标

1. 了解展会广告的概念。
2. 熟悉展会广告文案的写作。

■技能素养目标

1. 能识别展会广告的各种类别。
2. 能撰写展会广告文案。
3. 做到遵纪守法、诚实守信。

■问题

王总监负责的“国际教育游学展”展会项目运作情况良好，并且已经计划与香港BB公司合作，把品牌移植到香港。为吸引更多参展企业与专业观众，推广展会品牌，扩大市场影响力，公司决定加大展会项目的宣传工作。

请思考：此时应通过哪些渠道、准备哪些文案打好这场宣传战？

■认知

一、展会广告的概念与分类

展会广告是向公众介绍展会信息的宣传方式，属于商业广告的一种。

按照广告目的分类，展会广告分为招展广告、招商广告、征集广告(征集展会的会徽、会旗、会歌、吉祥物、口号等)、形象广告、综合广告等。

二、展会广告文案的写法

(一)结构

标题＋正文＋随文。

(二)条目

1. 标题

展会广告标题丰富多样，不拘一格，作用是揭示主题，吸引受众。一般有以下几种表达方法。

(1)直接式

直接嵌入展会名称，开门见山，如“第×届华南国际××展即将开展”“2014上海国际××展隆重开幕”“×××(公司名或品牌名)热烈祝贺第×届×博会开展”等。

(2)间接式

采用双关、比喻、夸张等修辞手法宣传展会，如“2021新居室惠展”“来百姓装潢展　送半个厨房”，体现展会优惠多的特点。

(3)综合式

融合直接、间接两类标题之长，既点明展会名称，又配以适当修辞，虚实结合，如“蓉城装潢巨头联合出击——20××第×届成都家装展”“国际五金展　送您大金蛋”等。

2. 正文

展会广告正文是对标题的展开，目的是传递展会的主要信息和独特卖点，主要包括以下信息。

(1)办展机构

写明主办、承办、协办、合作、支持单位等，显示阵容强大。

(2)历届展会成果

介绍展会创办年份、已办届数、历届成果等，展示展会项目生命力，激发参展、合作、观展的兴趣和愿望。

(3)展会安排

介绍展会活动的目的、主题、展品、各项配套活动、受邀嘉宾等，突出展会亮点，增强受众参展信心。

(4)展会规模

介绍展出面积、展位数量、参展人数等，体现主办者实力。

(5)参展信息

参展信息包括参会参展的范围和条件、费用价格、报名方式、截止日期、展会时间地点、交通信息、联络人、联系方式等。此部分的目的是给有兴趣的受众提供参展实用信息，方便受众。

3. 随文

随文即广告随文，又称附文，功能是对正文的信息补充，是展会广告的有机组成部分，与正文风格保持一致。随文一般包括以下内容。

(1)广告主的标识

如主办机构的名称和 LOGO、会展项目的名称和 LOGO 等。

(2)权威机构的证明材料或获奖证书

如国际会展业权威认证机构 UFI、FKM、BPA 或商务部的认证、评估、获奖证书等，增强展会企业和展会项目的可信度。

(三)要求

1. 主题鲜明

展会广告要主题鲜明，突出展会项目的亮点和特色。

2. 内容集中

展会广告是对展会整体项目的提炼升华，要注意材料的取舍、结构的安排，使传递的信息简洁明了。

3. 富有吸引力和冲击力

展会广告的作用是吸引受众，激发兴趣，故需在表现方法、结构安排、版式设计上讲究创新，强调展会项目的生命力和竞争力、给参与者带来的益处等，做到图文并茂，不落俗套。

■案例

中国发博会广告文案

点评：该文案“四展一节，全新启航”既说明了四个同期举办的展会项目和一个国际沙龙节事活动，又通过“全新启航”点出了 2020 年度展会的新创意和新亮点。广告文案简洁、重点突出。

■行动

根据不同宣传渠道，如报纸、户外横幅海报、广播台、网络等，为“传统文化进社区”校园主题展会设计不同的展会广告。

■反思

请登录中国国际进口博览会官网，欣赏第四届进博会招商宣传片。想一想：第四届中国国际进口博览会招商宣传片主题是什么？用了什么内容展现该主题？从中你学习到了哪些宣传手法？

>> 任务二　展会新闻稿撰写 <<

■知识学习目标

1. 了解展会新闻稿的概念。
2. 熟悉展会新闻稿的写法。

■技能素养目标

1. 能识别展会新闻稿的类别。
2. 能撰写展会新闻稿。
3. 践行社会主义核心价值观。

■问题

王总监负责的"国际教育游学展"展会项目在内地与香港开展，取得了良好的效果。第一届移植到香港的展会顺利完成，反响很好，公司要求营销部门出一份展会新闻稿。

请思考：在展前、展中和展后发布的展会新闻稿有什么不同？展会发布的新闻稿应该怎样撰写？

■认知

一、展会新闻稿的概念与分类

展会新闻稿又称展会信息，是用简洁明快的文字迅速及时反映新近发生的展会事件的新闻文体。

展会新闻稿运用在展前、展中、展后，有综合新闻稿、专题新闻稿、新产品新闻稿、活动新闻稿等类别，是宣传展会、扩大展会影响力的重要途径。与展会广告相比，展会新闻稿成本较低。

二、展会新闻稿的写法

(一)结构

标题＋导语＋主体(＋背景＋结尾)。

(二)条目

1. 标题

(1)多行标题

多行标题由引题、正题、副题组成。引题又称眉题、肩题，作用是引出正题、交代背景、说明原因、烘托气氛等，印刷字号小于正题，以虚为主。正题又称为主题、母题，作用是揭示消息的主要内容，是整个标题的中心，印刷字号最大，位置最突出，视觉最醒目，以实为主。副题又称辅题、子题，作用是对正题作出补充说明，以实为主。如“城市，让生活更美好——2020 年上海世博会开幕 ××出席开幕式”。此类标题信息量大，表现力强。

(2)双行标题

双行标题由“引题＋主题”或“正题＋副题”组成。两个标题一实一虚，实标题概括主题，虚标题补充信息，如“薄纱下的春光——巴黎秋冬时装展”。

(3)单行标题

用一行标题反映主旨，即单行标题，如“大连国际××博览会力促渔业与商业对接”。

2. 导语

导语即消息开头的第一段文字，需概括主要事实，起到统率全篇、吸引读者、引导阅读的作用。要求简明扼要。

3. 主体

主体即消息的主干。主体承接导语，是对导语的具体阐述，起到发挥和深化主题的作用。有以下几种结构。

(1)倒金字塔式

倒金字塔式是将消息的精华放在最前端，按事实重要程度递减的顺序安排材料，从大到小突出最重要、最新鲜、最独特的事实。此种结构最为常用。

(2)金字塔式

金字塔式是按照事实发生的时间顺序，对事件发生的各个阶段作出阐述。

(3)并列式

并列式也称双塔式。并列式结构的每一个层次之间是平行的，从意义上说没有主次之分，但各层之间又具有互补性，它们围绕一个更大的核心事件而存在，共同证明着一个主题思想。

(4)逻辑式

逻辑式是按照事物的内在逻辑顺序，如主次、因果、递进、点明等逻辑关系安排材料。

(5)散文式

散文式是根据内容表达的需要，灵活安排材料，具有散文的特点。

4. 背景

背景即消息所报道事件的历史和环境条件。作用是帮助读者明晰新闻的来龙去脉和前因后果。背景没有固定的位置，也不属于必需部分。

5. 结尾

结尾又称结语，如何收尾，视内容而定，意尽言止，非必需部分。

(三)要求

1. 目的明确，内容新颖

展会新闻稿是否有价值，能否被采纳，在于是否能从媒体及受众视角出发，捕捉新闻热点，挖掘展会差异性和竞争力。

如邀请政商名流亲临展台、企业代言人亮相发言、重要媒体互动在线访谈、组委会联合媒体评奖评优、花絮报道、活动热点等内容，能引发媒体及受众广泛而普遍的兴趣。

2. 要素齐全，结构合理

消息通常需要具备五要素(5W)：何人、何事、何时、何地、何因。按照倒金字塔式结构安排材料，突出关键点，便于受众最快速度获取最重要的信息。

3. 叙议结合，以叙为主

展会新闻的基本表达方式是叙述，不同于广告，可有适度夸张。新闻中可附带有简短议论，点评展会的意义，但不可喧宾夺主。

■案例

案例 1：展前新闻稿

首届中国国际咖啡酒吧产业博览会将在京举行①

新华网北京 8 月 1 日电(记者姚润丰)　以“机遇、交流、合作、发展”为主题的中国国际咖啡酒吧产业博览会将于 2007 年 6 月在北京农展馆举行，它对大力发展我国咖啡酒吧产业，提高行业服务品质和服务质量，扩大咖啡酒吧产业开放，推动国内相关产业与国际市场的交流合作，繁荣并带动文化产业的发展有重要意义。

在近日举行的首届“中国国际咖啡酒吧产业博览会”新闻发布会上，组委会代表在发布会上介绍了本次博览会的举办情况，并就相关主题活动进行了详细的介绍。国务院国资委商业技能鉴定与饮食服务发展中心主任王惠卿同时为本次博览会倒计时揭幕。

据介绍，首届博览会汇集了包括美国、英国、澳大利亚、韩国、日本、荷兰、马来西亚在内的 60 多个国家和地区的国际机构和参展商，国内也将有近 600 家的参展商参展。设有“国际咖啡酒吧工程装饰设计用品展览会”“国际咖啡酒类杯具展览会”“国际咖啡酒吧机械设备展览会”“国际咖啡物料及酒类饮品展览会”“国际咖啡

① 本案例来自央视网新闻频道，引用时有修改。

酒吧服务及连锁加盟店展览会”五个国际性展会。

展会期间还将召开“咖啡酒吧产业的经营与管理”“新形势下的咖啡酒吧产业发展模式”等主题的高峰论坛，邀请参展商与各个国家和地区咖啡酒吧相关行业的权威组织及国际咖啡酒吧界知名品牌的企业领导等，就咖啡酒吧产业的经营发展进行全方位的对话交流。特别是，本届博览会大型国际贸易洽谈会也是本届中博会的一个亮点，它将进一步促进我国咖啡和酒吧行业与国外的交流合作，为我国咖啡酒吧产业创造可观的经济价值。

发布会上还举行了分赛区授权签约仪式和与中华网战略合作的签约仪式……双方表示将本着平等互利、优势互补的原则，与中博会结成长期、全面的战略合作伙伴关系，实现资源共享、共同发展，为以后在其他项目上的合作建立一个坚实的基础。

据悉，随着我国国际化进程的加快，咖啡作为一种必不可少的国际化时尚饮品，在我国的年消费额已呈现出20%的上升趋势。酒吧作为一种急速发展的亚文化现象，它的兴起和迅速发展与整个中国的经济、社会、文化之变化都有着密不可分的关系，酒吧的步伐始终跟随着时代。

点评：此为展前发布的新闻稿，主要介绍了展会的相关信息、参展企业情况及未来愿景等。展期新闻稿主要是为了宣传展会，起到扩大展会影响力的作用。

案例 2：展中新闻稿

2019 **澜湄合作博览会在昆明开幕**①

11 月 21 日，2019 澜湄合作博览会暨澜湄合作滇池论坛在昆明国际会展中心开幕。本届澜湄合作博览会展期 5 天，设国际标准展位约 1800 个，围绕投资贸易、跨境人才招聘、文化旅游、澜湄国家特色商品、国际精品等多个主题，设置国际馆、澜湄国家精品馆、跨境人才交流馆、品质生活馆、投资贸易与绿色产业馆 5 大展馆。展区中的“澜湄国家精品馆”以及“国际馆”为广大市民带来了原汁原味，具有澜湄区域特色与东南亚风情的异域商品。

本届澜湄合作滇池论坛以“跨境经济合作与自贸试验区建设”为主题，下设中国双绿 66 人澜湄圆桌会、中老投资洽谈会、中柬投资洽谈会三个平行会议。国家相关部委代表、知名专家学者、企业家，以及柬埔寨商业部、缅甸商务部、老挝计划投资部、泰国商务部、越南工贸部的高级官员，云南省有关部门和州市领导出席主题论坛。平行会议将聚焦澜湄区域间绿色经济与绿色金融“双绿”合作，老挝、柬埔寨投资政策项目宣讲，举行中老、中柬双方项目推介以及澜博论坛项目入滇暨入驻自贸试验区集中签约洽谈会等活动。

本届论坛创新办展办会理念，将论坛及系列会议活动场地设置在场馆中，实现了“展览”和“论坛”的有机联动，更好地实现“以展带会”“以会促展”的目的。在展出

① 黄少军：《2019 澜湄合作博览会在昆明开幕》，载《中国产经新闻报》，2010-11-22。

内容上，专业性、主题性更加鲜明，设置了自由贸易与投资、国际化人才跨境创业、跨境投资等专业板块。在展示题材方面，除以经贸作为国际交流合作的主体内容外，首次植入了“国际化人才”要素，依托东南亚南亚跨境人才服务平台举办以国际化人才交流互动、实现跨境就业创业、国际化人才孵化培养为主题的东南亚南亚海外工作节。在互动联系方面，论坛和会议的主题与地方发展的联系更加紧密，充分体现澜湄合作机制带来的机遇。

经过四年的建设和发展，澜湄合作论坛现已成为响应国家“一带一路”倡议，落实澜湄国家命运共同体倡议的具体实践，为次区域发展与繁荣作出了积极贡献。澜湄合作论坛为全面、深入、务实地推动中国与澜湄各国间形成互惠互利，共同发展的经贸交流打造了务实合作平台，将在推动云南沿边全方位开放上发挥着越来越重要的作用。

点评：此为展中发布的新闻稿，主要介绍了展会的开展情况，如参展企业情况与展会系列活动，引发媒体和观众的兴趣，扩大展会的影响力。

案例 3：展前新闻稿

电力行业盛会 11 月上海　EP 电力展即将举行(节选)①

展会规模再创新高 五大看点率先披露

由中国电力企业联合会、国家电网及南方电网主办、香港××展览服务有限公司协办，一年一度的“第十二届上海国际电力设备及技术展览会(以下简称 EP 电力展)”暨“第十一届国际电工装备展览会”将于 2019 年 11 月 6—8 日，于上海新国际博览中心（N1—N4 馆)举行，现率先披露本届 EP 电力展五大看点。

看点一：展会规模达 55000 m^2　全产业链展示

展会展出规模再创新高，达 55000 m^2，规模较上届大增 40%，大特装展台激增 30%，约 1000 家中外电力电工设备领军品牌将全面展示电力市场于各个领域上的新突破，预计将吸引 30000 专业观众到场参观。国际电力知名参展商及品牌(名录略)云集，覆盖电力行业全产业链的新技术，新产品以及智能制造设备，打造一站式的商贸平台。

看点二：十多场新品发布　洞悉行业趋势

每年的新品发布会已成为 EP 电力展的焦点之一，各大企业(名录略)将现场发布及讲解新科技新产品，欢迎到 N2 馆新产品荟萃廊免费参加。

看点三：行业热点“泛在电力物联网展示专区”及主论坛

展会紧贴行业热点，新设 1000 多平方米的“泛在电力物联网展示专区”。国家电网等(名录略)将领衔出席，众多科技型企业将率先展出泛在电力物联网相关的最新技术及解决方案，探讨互联互通新发展。同期，中国电力企业联合会及国家电网将在展会旁的××酒店举办泛在电力物联网建设高峰论坛，届时将邀请众多行业专

① 本案例来自上海国际电力展官网，引用时有删改。

家及大咖一同就泛在电力物联网的建设目标、现状、安全、通信网络及智能终端等相关技术进行解析，欢迎业界免费留位，出席交流。

加上其余涵盖电力行业及针对终端行业的丰富论坛，包括电力需求侧管理、低压智能配电、5G及节能绿色数据中心及建筑电气、医疗电气及轨道交通供配电等应用端技术和标准等一系列会议，为同业提供掌握行业动态，洞悉行业现状与未来的机会。

看点四：首次云集七大中外展团

EP展是电力行业中的品牌展，深受国内外品牌及中外协会的欢迎。德国、美国等将继续组织庞大展团参展，展示国际上先进技术及科技；加上五大协会展团(名录略)，将丰富展出设备的多样性。

看点五：预登记参观有机会得××电视机　现场礼品超丰富

从即日起到11月5日登入展会官网(网址略)及官方微信公众平台(微信号略)即可进行网上预登记，有机会抽选获得××电视机。完成预登记可免费获得价值100元的大会会刊、展品预览、精美纪念品，还可优先参与现场各个专题研究会和享用商贸配对服务。

展会现场游戏区更设每日大奖，每天送出各种家电，总值超过20000元!

点评：此为展前发布的新闻稿，主要介绍了展会情况及展会亮点，重点在于展会的宣传推广，促进招展和招商。

■行动

“传统文化进社区”校园主题展会开展，请向学校官方媒体，如校园网、学校报纸等，撰写投放新闻稿。

■反思

从广交会新闻发布会看门道。展会通过新闻发布会，向外界传递展会信息，起到宣传推广作用。新闻发布会上会有专人负责宣读发言稿，稿中涉及的信息数据具有权威性和指导性。

>>任务三　展会简报撰写<<

■知识学习目标

1. 了解展会简报的概念和内容。

2. 熟悉展会简报的写法。

■技能素养目标

1. 能识别展会简报的作用。

2. 能撰写展会简报文案。

3. 守诚信、崇正义、尚和合。

■问题

王总监负责的“国际教育游学展”展会项目现场情况良好，观众入场人数众多，参展企业的参展效果良好，为了及时反映会展活动的动态，王总监安排员工根据展会前两天的运行状况，出一份展会简报。

请思考：展会简报应该包含哪些内容?

■认知

一、展会简报的概念和作用

展会简报是展会期间反映会展活动的动态以及主要成果的内部性简要报道，也称为“会展通讯”“会展快报”。

展会简报由会展管理机构或主办单位编写，也可外包给专业广告公司或杂志社操作。展会简报发送对象广泛，包括参展商、观众、上级部门、政府机构、兄弟单位等。

展会简报既是展会组织者为参展商提供的免费服务，促进参展商之间互相交流和沟通，又是展会主管单位了解会展情况、掌握会展动态的重要渠道，同时也是展会重要的宣传工具。

二、展会简报的写法

(一)结构

报头＋报身＋报尾。

(二)条目

1. 报头

报头包括编号、密级、名称、期数、编印机构、印发日期、反线。

(1)编号

编号即简报的印制顺序号。

(2)密级

密级表示简报的秘密程度。

(3)名称

名称有如下几种写法：发文机构＋文种，如“×组委会简报”；会展名称＋文种，如“第×届展销会简报”；文种，如“展会简报”。名称要居中，字号要大，以示醒目。

(4)期数

多期简报应按顺序编排。

(5)编印机构

列明编印机构，如展会秘书处、宣传部等。

(6)印发日期

印发日期即简报印发日期。

(7)反线

反线即分开报头与报身的横线。

2. 报身

报身又称为正文，是简报的主体，主要有两种写法。

(1)综述法

综述法是指由编者收集各方面言论、意见加以概括，类似综合报道，介绍展会的进程、主要精神、主要成果等。

(2)专题法

专题法用于重点反映展会的某个具体活动。

3. 报尾

报尾位于简报末页底部，注明简报主送单位、抄送单位、印发份数。

(三)要求

1. 及时简明

简报一般是介绍展会最新动态消息，速度要快，文字要简洁干练，控制篇幅，一般不超过千字，开门见山，直截了当。

2. 材料真实典型

简报要符合实际，反映真实情况，不能有虚报、误报。要善于选材，扣紧主题，突出重点。

3. 形式规范

简报有相对固定的版式，不同于新闻写作，一般不使用多行标题以及带有描述性或修辞性的导语。

■案例

余姚会展工作简报①

第 26 期

余姚市人民政府会展工作办公室编　2019 年 2 月 22 日

本期要目

【重要信息】

▲第二十届中国塑料博览会圆满落幕，实现总交易额 39 亿元有效客商 2.9 万余人

① 本文来自余姚会展网，引用时有删改。

▲2018 年度余姚市会展工作简要回顾

【展会讯息】

▲中国慧聪(余姚)秋季家电交易会圆满落幕

▲第十五届世界精武武术文化大会暨首个“世界武术日”活动启动仪式在我市举行

▲2018 年度退役士兵返乡欢迎仪式暨专场招聘会在中塑国际会展中心隆重举行

▲2018 中国裘皮服装节盛大召开

▲2018 宁波(余姚)阳明文化周活动启动，“阳明心学与变革中国”国际学术峰会在我市举行

▲第 22 届余姚中塑冬季汽车交易会顺利闭幕，第七届秋季渔具户外休闲展同期举行

▲第十届中国余姚·河姆渡农业博览会暨第六届中国甲鱼节圆满落幕

▲2019 中国慧聪(余姚)春季家电交易会将于 3 月 13—15 日举行

▲第六届中国机器人峰会将于 5 月 8 日盛大启幕

【其他简讯】(10 则)

【成绩荣誉】

▲2018 年余姚市会展工作荣誉情况一览表

(具体内容略)

报：余姚市委市人大市政府市政协

送：各乡镇(街道)市直部门相关会展企业

编辑：×××　　×××　　×××　　签发：×××

点评：此份简报乃会展主管部门制作，视野广阔，选材典型，既有会展重点工作的介绍，又有实用信息发布，起到了宣传和管理该地方展会工作的作用。

■行动

请为“传统文化进社区”校园主题展会编制展会简报。

■反思

网络时代，展会简报适时推出了数字版，如广交会官方网站早已推出了数字版《新展望》《广交会通讯》。《新展望》定位于《广交会通讯》在展前会后的延伸，内容分为特别关注、经贸视野、广交会园地、聚焦、采购情报站、市场看点、展会掠影等几大版块。《广交会通讯》在广交会期间每日发布，出版当天即可在线浏览电子版。数字出版物较之传统出版物，具有成本低、时效快、能互动的优势，发挥了广泛的宣传作用。请登录中国进出口商品交易会官网(新闻与媒体—广交会通讯)，浏览数字版《广交会通讯》。

>> 任务四　网络推文撰写 <<

■知识学习目标

1. 了解网络推文的重要性。

2. 掌握网络推文的写作特点。

■技能素养目标

1. 掌握网络推文的分类。

2. 掌握网络推文的写作要求。

3. 做到遵纪守法、爱岗敬业、诚实守信。

■问题

随着互联网与各行各业的关系越来越紧密，以及互联网技术的不断成熟，“互联网+”理念应运而生。通俗地说，“互联网+”就是“互联网+各个传统行业”，但这并不是简单的两者相加，而是利用信息通信技术以及互联网平台让互联网与传统行业进行深度融合，创造新的发展生态。传统的会展方招展，具有信息化进程落后、整合信息完整度低及精度低等难点，在产品供应与服务上存在不足。“互联网+会展”的新模式应运而生，极大地助力会展行业经济提速。王总监决定，将自己负责的“国际教育游学展”项目通过网络加强宣传。

请思考：会展项目如何利用网络进行推广与宣传?

■认知

一、新媒体的概念和作用

(一)新媒体的概念

新媒体(New Media)是一个相对的概念，是在报刊、广播、电视等传统媒体以后发展起来的新的媒体形态，包括网络媒体、手机媒体、数字电视等。新媒体亦是一个宽泛的概念，主要利用数字技术、网络技术，通过互联网、宽带局域网、无线通信网、卫星等渠道，以及电脑、手机、数字电视机等终端，向用户提供信息和娱乐服务的传播形态。狭义的新媒体定义就是自媒体。

(二)新媒体在展会中的作用

1. 扩大展会推广范围

(1)利用新媒体，转变宣传推广方式

传统会展活动，前期宣传及人员需求量较大，花费较高。传统会展活动的前期宣传，大多借助传统媒体进行，如报纸、电视广告等，这种宣传模式花费较大；此外，由于智能手机的普及，人们获取信息的渠道发生转变，对报纸、电视的关注度有所下降，因此传统媒体的宣传效果和新媒体相比较差。

(2)把握新媒体的大众化与平民化

在新媒体时代，每个人都可以是消息的传播者，互联网时代人脉非常重要，可以利用微信朋友圈或微博粉丝的优势，对展会活动或产品进行宣传与推广。宣传与推广在新媒体环境下也形成一种职业，微博、微信中有大量的推广账号，虽然同样为广告性质，但花费一般小于传统媒体的宣传。最终收获的是会展举办方或参展商家与新媒体企业和个人的共赢。

需要特别说明的是：通过基站向附近手机发送垃圾短信，往往对宣传起到反作用。

2. 提高会展活动的关注度和知名度

会展活动中引入新媒体的宣传，能够利用网络、电视直播等多种新媒体技术，将会展活动的情况及时快速地进行传播，从而扩大会展活动的知名度，进一步促进会展活动当地的旅游、饮食、交通等行业的快速发展，从而带动整个地区的经济发展，成为助推经济发展的动力。

3. 促进展会销售

传统展会销售，企业选展位只能利用展会平面图纸勾选，没有参照标准，很难作出理性选择；订单管理不直观，容易造成重复订展、多方定位等问题；后续服务容易产生疲软，企业服务不能形成专业化。现在，通过新媒体传播，即可实现三端数据实时同步，促成展位及现场订单等的统一批量管理。通过移动手持端，销售人员可直接为展商提供营销解说、预订、展位面积调整等服务；将大屏端投放至线下销售现场，可以为现场营造紧张快速的营销氛围。

4. 提供更好的展会服务

传统展会提供的配套服务不完善、专业性相对滞后，拉低整体体验效果。利用新媒体传播，将零散的碎片化服务进行统一管理，并且提供有针对性的服务，如票务系统的对接缓解了现场售票的拥堵，并及时收集线下观众的报名数据；展会地图以三维视角展示展商信息，方便感兴趣的人查看，配合路线导航，也不用担心观众找不到目的地；系统监测渠道推广效果，线上规划、线下执行，提升了精准营销，减少了无用的宣传的投入。与观众注册数据相结合，可向展商提供对其展台感兴趣买家的具体信息，从而可以对兴趣观众进行相应的活动推送，促进展商和观众精准的对接，催化双方的合作意向。

5. 放大展会价值

新媒体系统将来自各渠道的数据进行汇聚、分析与应用管理，辅助主办方业务决策，借助大数据工具，了解观众整体画像，免除了展商后期的烦琐整理工作，协助精准投放，进一步延伸参展价值。

新媒体系统为参展企业提供基于本展台的个性化买家数据报告，如展台观众流量，意向性观众的甄别，展位在展期内吸引观众的能力与行业水平比较等。经过观众行为分析，参展企业可以进行有针对性的提升，促进来年展会预定。

二、平台文案的策划与写作

(一)电子邮件推广文案写作

电子邮件推广是在用户事先许可的前提下，以电子邮件的方式向目标用户传递信息的一种网络营销推广手段。它具有精准定位客户、方便快捷、成本低、覆盖面广、满足个性化需求等优势。

1. 结构

主题＋标题＋正文＋附件＋结尾签名。

2. 条目

(1)主题

邮件的主题是收件人第一眼看到的邮件信息，收件人是打开邮件进行阅读还是看也不看就直接删除，直接取决于电子邮件主题的好坏。主题最好写上“来自××公司的邮件”，以便对方一目了然，又便于留存。时间可以不用注明，一般邮箱会自动生成，写了反而累赘。

(2)标题

标题要能真实反映文章的内容和重要性，切忌使用含糊不清的标题。

(3)正文

①称呼与问候

邮件的开头要称呼收件人，应当拿捏好尺度，恰当地称呼收件人。有多个收件人的情况下可以称呼“大家”。称呼是第一行顶格写。邮件开头和结尾最好要有问候语。常见的结尾，英文如 Best Regards，中文如“祝您顺利”等。若是尊长，应使用“此致敬礼”。注意：在非常正式的场合，应严格使用信件标准格式，“祝”和“此致”为紧接上一行结尾或者另起一行开头空两格，而“顺利”和“敬礼”为再换行顶格写。

②邮件内容

邮件内容要简明扼要，突出主题，合理利用图片、表格等形式来辅助阐述。对于带有很多技术介绍或讨论性质的邮件，单纯以文字形式很难描述清楚，可以配合图表加以阐述。

(4)附件

如果邮件带有附件，应在正文中提示收件人查看附件。附件文件命名应有意义，最好能够概括附件的内容，方便收件人下载后管理。附件数目不宜超过 4 个，数目较多时应打包压缩成一个文件。如果附件是特殊格式文件，应在正文中说明打开方式，以免影响收件人使用。如果附件过大(超过 2MB)，应分割成几个小文件分别发送。

(5)结尾签名

电子邮件消息末尾加上签名是必要的，但签名信息不宜过多。签名档可包括姓名、职务、公司、电话、传真、地址等信息，但行数不宜过多，一般不超过 4 行。签名档文字应与正文文字匹配，字号一般应比正文字体小一些。

(二)微博推广文案的写作

微博是基于社交关系的一种分享和传播信息的网络媒介和平台。用户通过 WEB、WAP 等各种客户端服务组建个体传播社区和传播网络。

1. 结构

标题＋正文。

2. 条目

(1)标题

微博推广文案中的标题可以快速吸引用户的注意，让读者有兴趣浏览文章的正文。标题一般位于文案的开头，常以【】或＃符号括起来，要求简短明了、主旨明确。

(2)正文

微博推广文案要短小精悍，控制在 140 字以内。内容要力求主题突出，说明会展的时间、地点，规模、社会关注度等方面的信息。文案创作者可以利用微博中的各种常见工具，如@、＃和链接等增加文案被读者搜索查看的概率，提高文案的阅读率，并扩大传播的范围，增加信息容量。

3. 发布

目前微博发布的形式越来越多样，常见的发布形式包括文字、图片、动图、视频和直播。在进行会展推广时可以采用多媒体组合形式。

此外，还可以策划互动话题或活动。信息发布后可以瞬间引起其他用户的关注和转载。因此，当我们有了一定的粉丝后，要保持与粉丝、网友之间的互动，这样才能增加与粉丝之间的黏性，不至于产生让粉丝失望和取消关注的情况。

图 5-4-1 是几则微博推广文案示例。

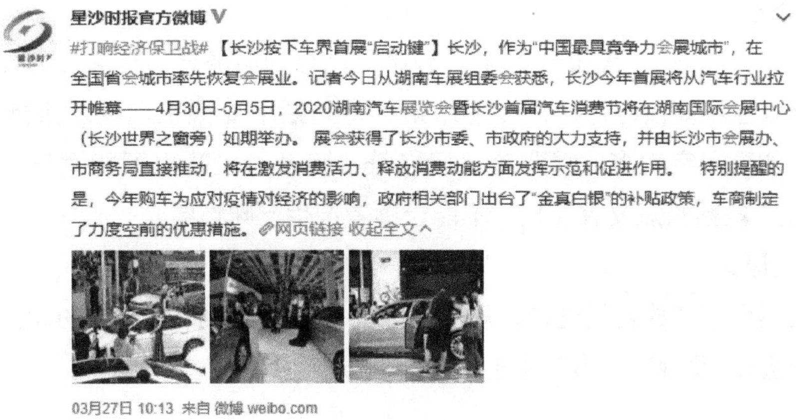
星沙时报官方微博

#打响经济保卫战# 【长沙按下车界首展“启动键”】长沙，作为“中国最具竞争力会展城市”，在全国省会城市率先恢复会展业。记者今日从湖南车展组委会获悉，长沙今年首展将从汽车行业拉开帷幕——4月30日-5月5日，2020湖南汽车展览会暨长沙首届汽车消费节将在湖南国际会展中心（长沙世界之窗旁）如期举办。展会获得了长沙市委、市政府的大力支持，并由长沙市会展办、市商务局直接推动，将在激发消费活力、释放消费动能方面发挥示范和促进作用。 特别提醒的是，今年购车为应对疫情对经济的影响，政府相关部门出台了“金真白银”的补贴政策，车商制定了力度空前的优惠措施。网页链接 收起全文

03月27日 10:13 来自 微博 weibo.com

图 5-4-1　微博推广文案示例

(三)微信文案的写作

微信的智能化与随时随地上网的特点，是其他网络平台所不具备的。目前微信成为许多企业进行移动电子商务的不二选择。微信平台推广文案具有成本低、定位精准、转化率高、转播效果好等优势。

1. 微信文案推广的表现形式

(1)朋友圈

朋友圈是微信文案的主题或主要形式，它是一个个人化的平台，通过分享趣味性的内容、社会热点、个人感悟、咨询求助和专业知识等内容来进行推广。朋友圈的文案要尽量短，最好控制在 6 行以内，100 字左右为佳。朋友圈一天的分享文案，比较适宜的数量是 5～8 条；适宜的时间段是 0：00—12：00，12：00—14：00，16：00—17：00，20：00—23：00。

(2)公众号

公众号是目前微信营销的“战场”，包括订阅号和服务号。订阅号的文案内容要尽量口语化，且不要使用过多的专业术语；每句话不要太长，最好保持在每句 20 个字以内，如果文字太多，需要使用标点符号隔开。段落也不能太长，保持一段 5～7 行为佳，段落长短要有变化，不能让读者产生乏味情绪。

(3)阅读原文

微信文案中不能放置超链接，只在末尾有一个“添加原文链接”的超链接。为了醒目，一般会以“猛戳”“点击”“↓↓↓”等文字进行提示。

2. 微信文案的写作方法

(1)设计封面

微信文案封面是用户第一眼看到的推送内容，包括封面缩略图和文案标题。微信号每次向用户推送内容都是一次“搭讪”，你的封面如果不能引起用户的注意，就很容易被忽略。微信文案封面的设计可以采用直接式缩略图和贴合主题式缩略图等形式。

①直接式缩略图是通过图片直接说出本篇微信文案所要表达的内容，不拐弯抹角。图片中可以放置文章的关键词或图片信息，利用缩略图比标题占屏幕面积大的优势来获取用户的注意。

②贴合主题式缩略图是对图片进行贴合主题的设计，使其吸引用户的眼球，这一形式较之前者更委婉一点。

(2)添加摘要

微信文案分为单图文文案和多图文文案。它们的区别在于：单图文文案一次只能发布一篇文案，但可以添加摘要；而多图文文案一次最多可以发布 8 篇文案，不能添加摘要。摘要是文案封面缩略图下面的一段引导性文字，在手机屏幕范围内可以快速引导用户了解文章的主要内容。摘要的字数约 50 字，在进行文案创作时要充分利用好摘要。

(3)标题

①标题表现形式

除了封面缩略图外，好的标题也能够直接引起用户对文案的阅读兴趣。会展文案标题一般采用直言式标题和新闻式标题两种形式。直言式标题就是直观、明了和实事求是，通过简短直观的语言简明地表达文案的主题，让用户在看到标题的第一眼时就明白整篇文章所讲述的主题。新闻式标题以报告事实为主，是对新近发生的有意义的事实的一种表述，比较正式且具有权威性。图 5-4-2 和图 5-4-3 分别是直言式标题和新闻式标题的示例。

图 5-4-2　直言式标题示例

图 5-4-3　新闻式标题示例

②标题写作要求

标题一定不能太长，必须通俗明了，不要出现生僻词语和隐晦的词语。试想，如果读者连标题都看不懂，那还谈什么阅读呢？

标题必须结合文章内容且鲜明，不能为了吸引读者注意而做一个只专注标题不注重内容的“标题党”。

标题除了内容要引人注目外，字体、行距、位置和排版等同样需要考虑。要尽量从艺术和视觉美观的角度来设计，让读者在看到标题的时候感到眼前一亮。图 5-4-4 是几个微信文案的标题示例。

图 5-4-4　微信文案标题示例

(4)布局

限于手机屏幕的尺寸，微信文案一屏不能展示太多的内容，因此正文要层次清晰，表达清楚。一般来说不要超过 3 屏，太长会让读者产生疲劳感。设置正文段落时要注意段落和段落之间的距离，行间距与段落间距不能相同，应该要有明显的区别，这样能够让读者明显区分段落与段落、标题与段落，方便读者阅读。

(5)开头

微信文案开头一般采用开门见山的写作方法。这种方法一开始就揭示主题或点出要说明的对象，将文章需要表达的内容直接表达给受众。

(6)结尾

结尾要做到总结全文，突出主题或与开头相应才是好的结尾。会展文案一般采用自然收尾和点题式两种形式。自然收尾是根据文章的表述，自然而然地结束；点题式也叫画龙点睛式，在文章结尾时用一句或两句简短明了的话来阐述文章的观点，起到画龙点睛的作用。

(四)各类新媒体的特点与适用

关于各类新媒体的特点、发布内容和受众群体，详见表 5-4-1。

表 5-4-1　各类新媒体的特点与适用

新媒体类型	特　点	发布内容	受众群体
手机报	1. 针对已知客户群体、分类定向传播。 2. 内容涵盖图片、音视频和文字，多样化。 3. 不需要对方确认，只要有手机号即可实现定点推送。 4. 对网络供应商有限制。 5. 属于早期产品，现如今客户接受程度不高。	新闻类、营销类大事记，展会、活动类，节日祝福等。	受众较为广泛，个性化需求不太强烈，多侧重通过手机报获取信息的便利性。
微信	1. 许可式互动推送 ，与广告的强制推送形成鲜明对比，避免用户产生厌恶心理。 2. 精准营销，借助第三方机构、位置定位技术，实现点对点的直接推送。 3. 营销方式灵活多样，漂流瓶、二维码、微官网、第三方软件等。 4. 微信公众平台后台管理方面，数据完善。	1. 外层文案：限 40 字，不超过 4 行。要求：友好、易阅读、易理解。 2. 外层图片：数量限制在 1 张、3 张、4 张和 6 张，满足不同用户的需求，但需避免出现一堆 9 图霸屏广告。 3. 详情页内容：类似公众号文章外链，可跳转至公众号图文消息，以及自定义 HTML 5 页面。 4. 外层视频：外层支持配置 1 个时长 6 秒的小视频，点击进入可查看完整视频，时长限 300 秒以内。	受众要求高，希望获取定制式信息；具有针对性，适用分众传播策略。
官网	1. 属于多维宣传媒体。 2. 拥有最有活力的消费群体。 3. 宣传内容制作成本低，速度快，更改灵活。 4. 具有交互性和纵深性。 5. 能进行完善的统计。 6. 可以跟踪和衡量宣传的效果。 7. 宣传内容具有可重复性和可检索性。	1. 业务介绍。 2. 案例集锦。 3. 动态新闻。 4. 联系方式。	受众广泛，对官网信息的准确性、时效性要求高。
论坛发帖	1. 人工信息聚合方式对搜索引擎的补充。 2. 共同兴趣爱好者的快捷聚集。 3. 封闭式交流话题带来深度互动。 4.“粉丝文化”的催化剂。 5. 需要专人经营和管理。	1. 论坛因为其平台的特殊性，不能发布广告性质太浓的内容，可以发布一些热点新闻或是论坛用户比较喜欢的内容。 2. 帖子中要避免出现电话、网址、地址等信息，避免使用带水印的图片；帖子命名时注意语言表达，切不可广告色彩太明显。如出现上述情况，容易被论坛管理员采取禁言、删帖等处罚措施。	1. 愿意参与网络探讨的人群。 2. 网络“水军”。

续表

新媒体类型	特　点	发布内容	受众群体
微博	1. 操作和要求简单，内容原创性强。 2. 传播内容多样化。 3. 信息传播实时快速，收发方式多样。 4. 传播信息的碎片化和去中心化。 5. 虚拟身份和社会身份在极大程度上重合。	1. 蹭热点新闻式内容输出。 2. 常规宣传报道。	1. 相对年轻、中高学历、中高收入人群是微博的主要受众群体，也是未来客户的趋势。 2. 意见领袖拥有自己的微博生态圈和影响力，此类客户是扩大企业影响的关键。
电子杂志	1. 信息量大，图文、音视频内容丰富。 2. 嵌入各类聊天工具，传播方便。 3. 使用方便，直接点击打开，无须安装软件。 4. 制作模块化，容易上手。	成体系的宣传，包含企业、行业、产品、文化等多方面内容。	对企业有一定认知、对行业关注度较高的人群。
HTML5	1. 最大的优势是跨平台。 2. 开发简单，开发成本低。 3. 推广成本低。 4. 传播效果好。 5. 需要借助微信、微博或其他软件进行推广和推送。	单项类的，适合集中传播的事件和新闻。	年轻群体较容易接受。

■案例

案例 1：在知乎 APP 下提问

2017 年上海车展你认为最成功和最失望的车型是什么？

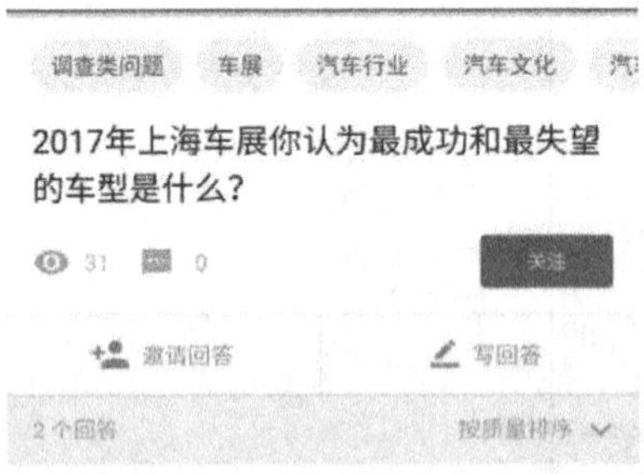

图 5-4-5　关于 2017 年上海国际车展的知乎提问

点评：这则文案一经推送很快得到相关回答，因此无论是参展企业还是展会主办方，都可以根据观众意见进行改进，为举办下届更加成功的车展铺路。

案例 2：微博话题

微博创立的各种关于＃2017 上海国际车展＃的话题；微信的各种推文；网站媒体等。

图 5-4-6　关于 2017 年上海国际车展的微博话题

点评：使用微博推广的文案文字简洁、重点突出，内容短小精悍，便于转发推广。

■行动

20××年创新创业成果交易会将于 6 月 19—21 日在广州中国进出口商品交易会展馆 A 区举办。请分别撰写一篇微博和微信推广文案。

■反思

为了吸引眼球，为文案取个“吸睛”标题无可厚非，但切记不可歪曲事实。点击学习国家互联网信息办公室印发的《互联网新闻信息标题规范管理规定（暂行）》。学好法，上好文，拒做“标题党”。

>> 任务五　直播文案撰写 <<

■知识学习目标

1. 了解直播文案的概念和类型。
2. 熟悉不同行业直播文案的写作要点。

■技能素养目标

1. 掌握直播文案的撰写方法。
2. 自觉实践各行业的职业精神和职业规范，增强职业责任感。

■问题

据商务部大数据检测显示，2020 年一季度，我国网络直播用户规模达 5.60 亿，占网民整体的 62%。在 2020 年全球疫情的催生下，据统计每隔 5 秒就有一款新的直播应用诞生。伊尼斯在《传播的偏向》中提出，一种新媒介的出现，将导致一种新文明的产生。线下会展业受到疫情冲击，影响巨大，许多厂商纷纷将展会转移到线上，此时你所在的公司要求你负责洽谈线上销售等事宜。

请思考：该如何撰写一份优秀的直播文案？

■认知

一、直播的概念

“直播”一词最早出现在传统媒体传播领域，与录播节目相比具有现场感更强、参与性更高、时效性更强的优势，媒体通过现场直播的方式强调信息传播过程中的实时现场感。后来随着互联网的发展，网络与直播的结合，催生了网络直播这一新的传播形式。

二、直播的类型

(一)传统直播和新媒体直播

传统意义上的直播主要是指电视直播，而随着互联网技术和应用的发展，网络早已从虚拟世界照进社会现实，借助新媒体直播以全新的形式走进千家万户。现今直播与不同行业结合而形成的“直播＋”凭借其自身的实时性、互动性、真实性，已经成为电商、社交、视频等各类线上平台的“吸睛”利器。

(二)公益性直播和非公益性直播

1. 公益性直播

公益性直播指由政府主导，用“直播＋公益”模式，来宣传政府的中心工作、民生工作的一种直播形式。公益直播活动主题涉及文化、环保、扶贫、志愿者等诸多方面。在2020年突如其来的新冠肺炎疫情中，一些主流媒体如央视、新华社、人民网等，还有各地方媒体纷纷加入了直播行列。例如，各地区举办农业丰收节，利用电商直播助农促消费，升级消费渠道，助力地方农产品走向大市场。2020年，为了支持湖北经济社会发展，助推优质湖北农副产品走出去，央视启动“谢谢你为湖北拼单”公益直播，向网友推荐香菇、莲藕、茶叶等湖北待销农副产品。这些直播在平台的累计观看人次均过亿次，卖出产品达亿元。湖南卫视创新采用“电视直播联动电商带货”的全新模式，联动电商直播平台、互联网视频平台，打造了“出手吧，兄弟！芒果扶贫云超市大直播”，聚焦湖南贫困地区的农特产品，将湖南15个贫困区县的特色产品销售一空，节目共实现湖南农产品销售额1.02亿元。2020年6月13日是第15个“文化和自然遗产日”，故宫博物院以“寿康集萃　御园赏幽”为主题，首次推出由故宫遗产保护、宫廷历史专家为主导的“云观展”直播活动。通过直播镜头和专家讲解，带领观众探寻故宫，呼吁全社会共同保护文化遗产。还有不少地方政府利用当地旅游特色，以“文旅＋直播”“网络＋电视”创新融媒体创制形式，服务文旅品牌，助力当地文旅业的推广。

2. 非公益性直播

非公益性直播主要指当下盛行的“直播带货”，以在直播中推荐产品的形式，帮助企业和个人售出商品，以获得利润。

(三)展会直播和日常直播

展会直播在特定时间、空间中展开，而日常直播则不受时空限制。

三、直播文案的写法

(一)结构

标题＋正文。

(二)条目

1. 标题

有完整式标题、省略式标题和双标题三种。完整式标题包括直播名称和文种，如“×××(品牌名)展销直播方案”。省略式标题只写文种，如“直播方案”。双标题格式主标题写“直播方案”，副标题介绍直播主题，如“直播方案——上海国际新能源汽车展览直播方案”。

2. 正文

正文一般包括直播主题、直播目的、直播形式和直播实施方案几个部分。其中直播实施方案又包括三个阶段：第一阶段，前期准备；第二阶段，直播内容；第三阶段，直播后期。

(三)要求

直播文案应当主题明确、语言通俗化、定位精准、合法合规。

四、不同行业直播文案写作要点

表 5-5-1 列举了部分行业的直播文案写作要点，供同学们参考。

表 5-5-1 不同行业直播文案写作要点

类别	写作要点
服饰类	表达品牌的个性，突出款式的细节，尺码随文介绍要贴心，实际试穿展示
食品生鲜类	突出原产地，注重产品品质，展示实物时要绘声绘色
家电家具类	突出产品功能与消费者需求一致，用数据说话，有理有据，能赋予产品“温馨的家”的感觉
化妆品类	突出产品功能，强调产品品质，使用方法要易学易会
医疗保健类	明确产品给消费者的益处，突出产品品质，产品说明书要严谨
数码类	突出产品特色功能，表达品牌个性，产品表述要符合受众年龄特征

■案例

案例 1

“乘风破浪的你，草根创业一起来”创业联盟公益直播大会策划文案

一、直播主题

草根创业，咸鱼能翻身吗？

二、直播目的

1. 帮扶政府解决就业；

2. 帮扶政府实现招商引资、新科技新技术人才引进和创业孵化；

3. 帮助创业者树立正确的创业价值观；

4. 重点推荐热门创业企业，介绍创业项目，实现集合创业新思路；

5. 成立创业联盟，相互交流，互通有无；

6. 全国直选 100 名创业者扶持。

三、直播形式

1. 直播形式：专场直播。

2. 直播场次

第一场：创业联盟启动大会，政府牵头＋知名企业助阵＋创业明星分享；

第二场：优秀大学创业指导老师直播；

第三场：创业明星面对面；

第四场：海选草根创业孵化创业及项目；

第五场：创业有话说——短视频天天有料。

四、直播实施方案

第一阶段：前期准备

1. 嘉宾邀请；

2. 设备调试；

3. 线下会议流程制定；

4. 人员分工：会务组、嘉宾组、直播组、线下活动组、评审组；

5. 活动费用预算；

6. 活动风险预判。

第二阶段：引流——预热：多讲故事，少讲道理！

1. 线上线下相结合引流场景

(1)线下：大学及人才市场；

(2)创业明星个人直播平台、微博、创业联盟平台短视频；

(3)社群。

2. 引流文案

(1)以劲爆的标题引流：无惊喜不刺激的标题很难吸引受众的注意力。以大学生或打工者的痛点为核心设计，将文案设计为“早八晚五的打工生活，是老年人才有的状态”。

(2)以奉上解决方案引流：关注直播，提供“创业总裁一对一免费辅导”，免费提供创业场地、项目，优秀者给予资金、技术、运营全程支持；

(3)以“吸睛”促销：关注直播，前 100 名送价值 30 万元的“创业体系”课程一套。

3. 引流图片海报(略)

4. 引流短视频

以打工者真实生活为主题拍摄短视频。

情景 1：上下班挤地铁，辛辛苦苦一个月，到手工资不到 3000 元；

情景 2：工资不够房租、生活费；

情景 3：中年男人上有老下有小，老人住院、孩子上学等着交费；

情景 4：创业失败的情景，彰显联盟体系中的资源对接、渠道对接、人脉对接、创业帮扶的重要性；

情景 5：创业成功的情景；

情景 6：过去回家，老乡问你在哪里打工；现在回乡，人家问你在哪里创业。

第三阶段：导流——核心解决保证线下活动到场与线上直播互动

1. 按照预热阶段从报名链接页面了解的信息，介绍活动联盟的特性，展示嘉宾、创业辅导老师等的基本信息；

2. 分享单枪匹马创业失败的故事；

3. 根据粉丝的评论互动，解答疑惑，同时提醒福利；

4. 重点突出公益。

第四阶段：直播内容

1. 正式活动

(1)创业联盟启动大会：政府牵头十知名企业助阵十创业明星分享，突出政府公信力，彰显榜样的力量；

(2)优秀大学创业指导老师直播：体现专业力量；

(3)创业明星面对面：体现实战力量；

(4)海选草根创业孵化创业及项目；

(5)创业有话说——短视频天天有料，强调互动与趣味。

2. 参考创业游戏

(1)有“财”你就来：关于财税的知识抢答；

(2)创业风险100问；

(3)直播秀场；

(4)创业项目巅峰对决；

(5)连麦PK：两个主播连麦，在规定时间里和观众互动，进行礼物数量比拼，谁刷的礼物少哪边就接受惩罚，如含着水唱歌、喊麦等。

第五阶段：活动后期

1. 100位创业者视频分享；

2. 创业明星直播持续化；

3. 年中、年终创业者“华山论剑”联谊会。

案例2

××产品直播脚本

20××年×月×日××直播脚本

<table>
<tr><td>直播场次</td><td colspan="3">商家安排</td><td rowspan="4">其他备注</td><td rowspan="4"></td></tr>
<tr><td>直播人员</td><td colspan="3"></td></tr>
<tr><td>直播时间</td><td colspan="3">商家安排</td></tr>
<tr><td>直播主题</td><td colspan="3">商家安排</td></tr>
<tr><td>直播前期安排</td><td colspan="5">货品整理、后台产品优惠链接</td></tr>
<tr><td>20：00</td><td>导流</td><td>××秒杀</td><td>××满减</td><td>×××××</td><td></td></tr>
<tr><td></td><td></td><td></td><td></td><td></td><td></td></tr>
<tr><td></td><td></td><td></td><td></td><td></td><td></td></tr>
<tr><td></td><td></td><td></td><td></td><td></td><td></td></tr>
<tr><td rowspan="2">直播总结</td><td colspan="5">是否达成目标　　是□　否□</td></tr>
<tr><td colspan="5"></td></tr>
</table>

■行动

李白，震惊唐朝的“写诗一哥”，引领风骚数百年，还是斗酒诗百篇的创造者，一句“五花马，千金裘，呼儿将出换美酒”，恐怕要让无数爱酒人士为之疯狂。一首《将进酒》被誉为最强“卖酒”神曲，让长安街市酒肆老板挣得口袋满满！如果现在给李白开个直播卖酒，你觉得他会怎样带货卖酒呢？

■反思

你知道中国网红直播第一村在哪儿吗？驻村追梦的人，收入是多少？请跟随人民政协记者一起探访直播村，感受这个行业的辛酸与荣耀。

项目六 评估总结文案

>> 任务一 展会评估报告撰写 <<

■知识学习目标

1. 了解展会评估的概念。
2. 熟悉展会评估报告的写法。

■技能素养目标

1. 掌握展会报告的作用。
2. 能撰写展会评估报告。
3. 践行社会主义核心价值观。

■问题

王总监负责的“国际教育游学展”展会项目如期结束。作为展会的主要策划者，他想总结此次展会经验，因此展会一结束，便召集各部门负责人开会，要求他们提交展会的评估报告。报告收上来后，王总监发现很多报告泛泛而谈，没有太多实质性内容。

请思考：问题出在哪里？

■认知

一、展会评估的概念

展会评估是根据一定的目的和标准，对展会工作、展览质量、展览效果等各项要素进行系统、深入的评价，为提高展会效率和效益提出经验和建议。

(一)展会评估的作用

展会评估的目的是全面了解展会的质量、效率和成本效益，以评促建。

对于主管单位，采用科学的评估标准体系对各类展会进行科学评估，可以发现业绩良好、具有品牌效应的会展项目，对其实施鼓励和扶持，对评估效果不好、市场前景不明朗的展会，进行严格控制，扶优汰劣，达到规范会展市场秩序和行业竞争的目的。

对于主办单位，展会评估可起到发现问题，改进管理，为下届展会立项、开发、运营提供信息支持等作用。

对于参展单位，根据展会评估，对参展效果进行全面分析评价，分析投入与产出，可以为改进参展工作、提高参展效益提供决策依据。

(二)展会评估的内容

展会评估是一项系统工程，可委托专业评估公司完成。评估内容丰富，主要包括以下几个方面。

1. 参展工作评估

表 6-1-1　参展工作评估表

项　目	内　容
展出目标	根据参展公司的经营方针和战略、市场条件、展会情况等，评估展出目标是否合适
展览效率	参照展览人员实际接待参观客户的数量在参观客户总数中的比例或参展总开支除以实际接待的参观客户数量之商。后一种称为接触潜在客户的平均成本
展览人员	包括工作安排、工作态度、工作效果、团队精神等。可采取询问观众或计算展览工作人员每小时接待观众的平均数的方式
宣传工作	包括宣传工作的效率、宣传效果、同类竞争者分析、资料发放量等。对新闻媒体的报道，如版面大小、播放次数和播放时间长短也要进行评估
展品	包括展品是否适应市场需求，展品保持、运输、市场反馈等方面
展台及宣传品设计	包括展台及宣传品设计的成本效率、功能效率等，如展台及宣传品是否易于识别，是否能够体现公司形象等
管理工作	展览筹备、展出工作的质量和效率，如工作安排有无疏漏，与主办方沟通的效果等
开支	参展成本与收益
展览记忆率	是反映参展工作效果的专业评估指数，指客户在参展后 8～10 周仍能记住展览情况的比例。展览记忆率越高，参展效果越好

2. 办展工作评估

表 6-1-2　办展工作评估表

项　目	内　容
展会规模	包括展位数量、展览面积、参展商数量、观众数量。需与往届、同类、同期展会作数据对比分析
参展商质量	体现为目标客户、国外企业、龙头企业参展比例等
观众质量	体现为专业观众与普通观众的比值，观众的地区来源、行业分布、职位高低、平均参观时间、人流密度等

续表

项目	内容
会展成交	包括成交数额、成交笔数、意向成交额、新产品成交额等。需与往届、同类展会比较
会展举办的时间、地点、频率	包括展会举办的时机和频率是否合适，是否符合展览题材所在行业特征，举办城市和场馆选择是否符合展品要求等
参展商、观众满意度	包括参展商、观众对展会的综合印象，是否有意向参展参观下一届展会等
会展管理工作	包括招商招展工作、会展进度安排、现场管理措施、安保情况、供应商合作情况、会展相关活动组织情况等取得的经验与存在的问题

(三)展会评估的流程

会展评估是一个有计划、有步骤的动态过程，通常在开展前一个月就开始组织策划，成立专门的评估小组，指定负责人，制定客观、具体、明确的评估标准。

按照如下程序开展：确定评估目标→制定评估标准→拟定评估方案→实施评估方案→确定评估结果→编制评估报告。

二、展会评估报告的概念与写法

展会评估报告是将展会评估的过程和结果以书面形式加以表述。写法如下。

(一)结构

封面＋目录＋正文＋附件。

(二)条目

1. 封面

封面包括标题与署名。标题一般由会展名称＋文种组成，如“第×届中国国际医疗技术与设备展览会评估报告”。署名置于标题下，或是展会主办机构，或是专业评估机构。

2. 目录

评估报告内容丰富，应编制目录，便于检索。

3. 正文

正文主要包含以下几个部分。

(1)评估的背景与目的

写明此次评估的由来，明确评估的具体目标。

(2)评估方法

评估方法包括评估对象、样本容量、样本结构、资料采集方法、实施过程、资料处理工具、访问情况等。

(3)评估结果

评估结果用统计图表呈现，分析图表揭示的趋势、关系和规律，对评估结果进行说明。包括展出效果、管理效率、成本效率比、成交额、参展商质量、观众质量等。

(4)结论与建议

对评估结果作出总结，针对评估结果提出改进的措施与意见。

4. 附件

附件包括说明性图表、访谈、调查问卷等。

(三)要求

1. 目的明确，体现科学性

展会评估针对不同的评估主体，确定不同的评估对象，制定精细化的评估指标体系，开展系列有目的、有计划的系统评估，不能面面俱到、全面铺开，要始终体现评估的目的。

2. 语言简练，体现专业性

展会评估是采用科学方法对反映会展活动的要素指标进行分析和评价，定量分析结合定性分析，措辞需严谨，语言需简练，数据需真实，不能一味堆砌文字、罗列数字。

三、参展商、观众满意度调查问卷

无论是为了提升展会服务质量和服务水平，树立展会品牌形象，还是为了对展会进行评估总结，参展商、观众满意度调查都是一项重要工作。

参展商、观众调查问卷设计，目的是收集信息提高展会服务质量，留住高质量参展商与专业观众，故所设问题多集中在宣传招展和现场服务两大领域。以下是一份观众满意度调查问卷的样例。

观众满意度调查问卷

1.(多选)您通过何种渠道了解本次展会信息?

□主办方邀请函　□参展商(观众)邀请函　□听传达或读内部文件　□电视或广播或广告牌　□报纸或杂志　□网站　□公众号　□邮件或短信

□其他，请说明：________________________

2.(多选)您选择本次展会的依据是什么?

□主办方口碑　□费用高低　□档次和规模　□品牌影响力　□服务水平　□专业程度

□其他，请说明：________________________

3.(单选)您对参展过程中各项服务指标是否满意?

内　容	服务指标	非常满意	满意	一般	不太满意	非常不满意
参展收益	参展费用					
宣传效果	线上宣传					
	线下宣传					
现场服务	解决问题效率					
	沟通时服务态度					
	咨询台服务质量					
	展厅服务质量					
	网速					
	展品运输					
保安服务	服务人员仪容仪态					
	安保人员服务态度					
展场卫生	卫生质量					
	导引系统					
	噪声控制					
展馆内部环境	现场标识					
	空调效果					
	门禁系统					
	通信服务					
展馆外部环境	交通状况					
	展馆外围环境管理					
	停车场管理					

4.(主观题)为更好地服务您，请您提出宝贵意见。

____

____

____

■案例

案例 1

会展蓝皮书——中外会展业动态评估研究报告

2019 年 5 月 30 日，上海会展研究院执行院长、上海大学新闻传播学院教授张敏一行应邀赴京参与中国国际服务贸易交易会，并在会展服务板块中国会展业权威信息发布会上发布《会展蓝皮书——中外会展业动态评估研究报告(2018 版)》。以下是蓝皮书的主要内容。①

【中外会展业格局】面对不确定不稳定的复杂形势，会展业肩负着聚合机遇引领前行的责任，坚守与希望成为主流。目前中外会展业格局呈梯度分布，欧洲居主导地位，新兴经济体势头强劲。“国际东移”和“国内西进”两大现象并存。中国适应全方位对外开放和三次产业转型升级要求，会展业规模突破 1.3 亿 m^2，场馆面积突破 1000 万 m^2，会展大国格局已定；然而国际化展会和市场化展商差距明显，会展强国任重道远。

【全球会展市场】根据 SMI 会展生产力三要素指标体系综合评估，当前全球会展市场呈三区域五梯度分布。欧洲市场长期占据主导地位，引领产业发展。其中德国综合排名全球第一。三要素中展馆与展会指数第一，展商指数第二，造就绝对优势，位居第一梯度。英国组展商资本输出经验丰富，国际化、专业化、品牌化无与比肩，独居第二梯度。意大利、法国、西班牙产业发展相对均衡，位列第三梯度。瑞士、荷兰、俄罗斯、比利时、瑞典、波兰、捷克有相当实力，居于第四梯度。其余为第五梯度。各国都做会展业，然而国情各有不同，水平效用有异。

亚洲市场快速崛起。其中中国实现了跨越式发展，综合排名全球第二，数量规模登顶第一梯度，会展大国地位稳固。短板主要在展商，不仅与德、英，而且与意、法、瑞士存在较大差距。亚洲国家中韩国、新加坡、泰国表现不俗，居五望四。其中韩国势头抢眼，综合排名上升三个位次；泰国场馆指数上升，基础设施形成相对优势。美洲市场美国会展业一枝独秀，综合排名居三望二，展馆指数全球第四，展会与展商指数居中。目前芝加哥、拉斯维加斯、奥兰多、纽约持续加强基础设施，正在酝酿新的突破。

【世界会展城市】世界会展城市综合实力排行榜入围 55 席。其中，欧洲 35 席，亚洲 13 席，美洲 7 席，分别占比 64%、23%和 13%。以国别论，德国 10 席，中国 9 席，美国、意大利各 7 席，西班牙 4 席，英国 3 席，法国、荷兰、瑞士各 2 席，俄罗斯、新加坡、韩国、泰国、土耳其、波兰、捷克、比利时、瑞典各 1 席。

欧洲拥有 35 个世界会展城市，排名前 20 位的有德国的汉诺威、法兰克福、科隆、杜塞尔多夫、慕尼黑、柏林、纽伦堡，分列第 2、4、5、6、8、11、15 位；意大利的米兰、博洛尼亚，分列第 7、12 位；法国的巴黎，第 3 位；英国的伦敦，第 9 位；俄罗斯的莫斯科，第 14 位；西班牙的巴塞罗那，第 16 位；瑞士的巴塞尔，第 17 位。

亚洲拥有 13 个世界会展城市，中国占 9 席，新加坡、韩国、泰国、土耳其各 1 席。其中，中国进入前 20 位的有上海、广州、北京，分列第 1、10、18 位。其余

① 关于蓝皮书的主要内容，参见《京交会权威发布：2018 版会展蓝皮书——中外会展业动态评估研究报告》，载《中国贸易报》，2019-05-31。亦见张敏：《中外会展业发展基本态势分析》，载《中国会展》，2019(13)。

为重庆、武汉、成都、厦门、深圳、香港。美洲拥有7个世界会展城市，全部位于美国。其中，进入前20位的有拉斯维加斯、芝加哥、洛杉矶，分列第13、19、20位。其余为亚特兰大、休斯敦、新奥尔良、路易斯维尔。

本轮评估上海表现突出，一举超越巴黎和法兰克福，综合实力跃居世界会展城市首位。主要受益于国家会展中心(上海)2015年上半年建成并投入运营，导致场馆设施和展会项目两大指数双双起跳登顶，然而组展商发展指数仍得分较低，排名仅居第20位。汉诺威超越巴黎和法兰克福，综合实力跃升至第2。巴黎、法兰克福、科隆分列第3、4、5位，杜塞尔多夫、米兰、慕尼黑、伦敦、广州分列第6至10位。

【国际最具影响力展馆】室内展能10万 m^2 以上的展馆，在国际上最具影响力，可称超级展馆。2017年全球超级展馆55个，总面积976.98万 m^2，馆均17.76万 m^2。其中欧洲36个，31个在西欧，5个在中欧和东欧。国际场馆展能十强依次为德国、中国、美国、意大利、西班牙、英国、法国、荷兰、瑞士、俄罗斯。十大顶级展馆中德国占4家，中国3家，法国、意大利、美国各1家。就国别论，德国独享10席，并拥有世界最大场馆汉诺威展览中心。中国的国家会展中心(上海)排名跃居第二，改变了会展业基础设施的全球格局。未来深圳、天津等新的超级场馆建成，将再次导致业界震荡。

未来展馆基本走势三判断：全球会展基础设施总体温和增长；展馆市场热点渐由欧美向亚太转移；新兴市场展馆影响力提升。

【世界最具感召力展会】2017世界商展百强的总展出面积为1929.5万 m^2，展均面积19.3万 m^2，入围面积12.5万 m^2。总展出面积、展均面积和入围面积逐年增长，整体呈现上升趋势，见证了全球企业间市场繁荣、国际合作扩大和世界商展规模扩张的基本走势。

按入围展会及其业绩排序，德国位居第一，入选展会50个，展出业绩1040.1万 m^2，展均面积20.8万 m^2，总面积占比53%，约为第二名中国的2.5倍，超过德国之外其他所有国家百强展出业绩的总和。中国排名第二，入选展会22个，展出业绩417.5万 m^2，展均面积18.98万 m^2。其中，上海贡献13个，展出面积272.85万 m^2，展均面积20.99万 m^2；北京4个，展出面积64.1万 m^2，展均面积16万 m^2；广州3个，展出面积49万 m^2，展均面积16.3万 m^2；厦门1个，展出面积18万 m^2；香港1个，展出面积13.5万 m^2。其余28个分别由意大利、法国、美国、瑞士、俄罗斯、西班牙、英国贡献。

数据显示，2008—2017年间会展大国坚守份额，总体变化不大。然而值得注意的是，德国虽连年稳居第一，但从入围个数和面积占比来看，出现下滑松动。中国无论入围个数和面积占比，均呈明显上升态势。

未来我国商展发展六趋势：办展主体多元化，市场化进程不断加快；市场细分日趋明显，专业展成为主流；会展规模不断壮大，品牌化优势日趋突出；出国办展数量上升，国际化不断加快；线上线下融合发展，信息化助推会展腾飞；政府持续关注支持，标准化建设不断推进。

【全球最具竞争力展商】全球组展商格局大体稳定，欧洲实力强劲，亚洲潜力巨大，美洲稳扎稳打。2017年世界有34家顶级展商综合收入超过1亿欧元，收入总计99.31亿欧元，展商平均2.92亿欧元。

其中欧洲30家，包括英国9家、德国8家，法国、意大利各3家，荷兰、西班牙各2家，瑞士、比利时、瑞典各1家。亚洲3家，中国2家，日本1家。北美1家，来自美国。所谓综合收入，包括主办收入、场馆运营和展会服务。

单体企业排名前十的公司来自德国、英国、美国、法国和瑞士。作为新兴会展大国，中国展商拥有后发优势，即将成为全球会展业大格局中不容小觑的力量。

【中国省域竞争】根据各地会展业实力，对SMI指数评价模型作适应性调整，可得中国省域会展竞争力排名。综合实力位居前十位的省份依次为广东、山东、上海、北京、江苏、浙江、四川、辽宁、重庆和福建。

其中，展馆指数排名前十位的是：山东、广东、江苏、上海、浙江、四川、辽宁、福建、安徽、河北；展会指数排名前十位的是：广东、上海、山东、江苏、重庆、四川、浙江、辽宁、北京、河南；展商指数排名前十位的是：北京、广东、上海、山东、江苏、辽宁、湖北、四川、浙江和重庆。

【会展城市排名】根据综合实力，中国会展城市目前大致可划分为三大阵营，总体呈“东高西低”“南高北低”态势。上海、广州、北京、重庆四个会展业增长极，构成了我国会展业一线城市。

成都、潍坊、南京、济南、深圳、武汉、苏州、东莞、青岛、沈阳、西安、厦门、杭州、长春、南昌、淄博、合肥、天津、郑州、哈尔滨、宁波、长沙、金华、贵阳、昆明、无锡、佛山、福州、临沂、大连、呼和浩特、乌鲁木齐、石家庄等33个城市多点开花，构成了我国会展业二线城市。

南宁、中山、兰州、锦州、海口、绵阳、徐州、香港、威海、桂林、太原、烟台、台州、鞍山、宜宾、西宁、珠海、芜湖、银川、洛阳、包头、乐山、南通、唐山、内江、绍兴、邯郸、信阳、安阳等126个城市构成了会展业三线城市。虽数量骤增，但总体实力偏弱，期待更大提升。

推动全方位对外开放，提速“一带一路”建设，需要会展城市作支点，期待西北起高楼。

【国际特色比较】数据分析发现，前向关联产业域德国相对集中于机械工程、装备制造业，美国为消费、电子、文化娱乐业，英国为生物医药、高端服务业，瑞士为精密制造、国际会议、旅游服务业，中国为房地产、汽车、家电、家具业。后向配套服务链延伸扩展多方受益，导致交通通信业、旅游物流业、餐饮酒店业、安全保洁业繁荣。

就会展产业群而言，德国以展览业为主，服务外贸兼及节庆业；美国内需发达，展会节事演出及主题乐园业全面火爆；英国组展企业强大，资本输出，创意庆典业繁荣；瑞士高端会议业主导。

中国会展业初创期以德国为赶超对象，展览业独大，发展期强调展览会议业联动，繁荣期仍将以生产服务业、展览会议业为中心，兼及生活服务业、节庆赛事演艺业及主题乐园业，逐步走向内需主导“五位一体”全面发展。

【发展模式分野】受经贸交往、国际关系及历史与文化制约，基于社会需求，有必要集中关注崛起路径、产业布局、战略定位和经营策略等关键要素。

美国模式：立足内需，市场决定，以商贸、电子、娱乐业服务为主，展会节事演贯通，兼顾制度霸权和国际关系建构。德国模式：立足国本，实行社会市场经济，以制造业、外贸服务为主，基础设施先行，会展城市集群发展。英国模式：面向世界市场，产能强大，资本输出，展商国际化，以服务贸易赢利。瑞士模式：以国际会议促进高端交往、高端旅游、精密制造和高端品牌。

中国模式：立足内外需平衡、两个市场融合，展会并重助推经济全球化。主要服务于创新驱动转型升级，以及现代市场体系、开放型经济和全球治理国际秩序。未来将逐步走向五位一体全面发展，推动全方位开放和展会节事演繁荣。

【未来趋势研判】会展活动根源于专业化分工经济和规模化交易低效的两难选择；在不完全竞争条件下，集聚互动关联增值，为参与者扩大选择范围提供资源、机遇，促成内生优势；自身受规模报酬递增律驱使，引领会展活动从城际、省域、国际走向全球。

尽管人类社会的大规模合作，内在需要现场集聚式面对面(F2F)沟通，然而会展业仍须自觉应对新型媒体、移动终端和网络社群的冲击，在包容式发展中实现业态创新。取消主义、替代论或无所作为悲观论均不可取。

新时代会展业有必要高质量发展，满足对象个性化、市场全球化、策划高端化、展演媒体化、服务精细化、运行智能化的时代要求。40年再出发，中国会展业将在进一步融入世界中形成特色优势，迎接全球竞争、精细化运作、翻番式增长和高质量发展的考验，在艰难曲折中建成会展强国。

未来会展业作为不可替代的沟通平台和全方位对外开放的战略工具，将继续以现代服务业龙头产业为己任，不断推动创新激励、品牌营销、产业关联、社会整合与文化包容，助力全面开放、市场融合与共同体建构。

【会展强国路径】会展业有必要自觉配合国家战略，主动服务先进制造业、现代服务业和战略性新兴产业从大到强，走向高端；有必要基于市场需求，推进供给侧改革，完善体制机制、规范标准、统计监管，保护知识产权，实现绿色发展，走专业化、国际化、品牌化、信息化之路。

面对市场化不足与市场化过度长期并存两大问题，既须强调合规律性，遵守市场规则，完善法治环境，维护主体地位和权利，增强经营活力；又须强调合目的性，提高公共服务水平，实现政策工具与市场运作的有机统一，超越低层次同质化无序竞争，提升综合实力和国际竞争力。

会展强国建设有必要以国际竞争为背景，在基础设施、品牌项目、市场主体、创新研发和人才培养五方面固本强基，立足专精，追求体验，注重文化底蕴、历史传承、行业伦理和社会责任。

中国作为国际会展业发展格局中的重要增长极，上海、广州、北京、重庆作为全国会展业龙头城市，有必要率先从做大到做强，做出智慧、体验、绿色、品牌和文化，服务三次产业转型升级、现代市场体系建设和开放型经济新体制构建。

点评：该报告为针对中外会展业发展情况所做的评估报告，从中外会展业格局、全球会展市场、未来趋势研判、会展强国路径等方面提供了会展业发展的重要信息，报告包括内容较为全面，数据准确，为业界提供了很好的参考。

案例2

2018中国(海南)国际高尔夫旅游文化博览会活动绩效评价报告①

一、项目概况

(一)项目基本性质、用途和主要内容、涉及范围

中国(海南)国际高尔夫旅游文化博览会(以下简称“海高博”)是2000年经海南省政府批准的每年举办一次的长期性项目，主要内容包括高尔夫旅游商品展览会、国际商界峰层高尔夫邀请赛、国际商务洽谈会。本届“海高博”秉承“以球会友、以球促商”的宗旨，借海南建设自由贸易区试验区、探索建设海南自由贸易港和国家“一带一路”倡议实施之机，主要邀请周边国家、“一带一路”沿线国家、港澳台地区和国内各省市的商协会高层、企业高层来参会，以达到推动海南与境内外发展经贸合作的目的。

(二)项目绩效目标

通过“海高博”，本着“以球会友、以球促商”的宗旨，促进海南企业与相关国家或地区企业间的贸易投资合作，逐步将“海高博”打造成宣传海南国际旅游岛和经贸交流合作的平台。

二、项目资金使用及管理情况

(一)项目资金到位情况分析

项目资金到位率100%。

(二)项目资金使用情况分析

按照项目合同进度进行资金拨付。

(三)项目资金管理情况分析

项目进行阶段性验收，不存在损失或浪费。

---

① 本案例来自中国国际贸易促进委员会海南省委员会网站，引用时有删改。

三、项目组织实施情况

(一)项目组织情况分析

邀请世界各国各地区和国内相关省市的商界代表来海南参加活动；琼海市招商推介会一场约130人；国际商界经贸合作交流会一场约200人；组织国内外商界高层高尔夫爱好人士参加高尔夫邀请赛约105人。

(二)项目管理情况分析

实际进度与计划同步，按项目合同严格执行。

四、项目绩效情况

(一)项目绩效目标完成情况分析

1. 项目的经济性分析

(1)项目成本(预算)控制情况

项目资金到位率100%，按照项目合同进度进行资金拨付，并验收成果。

(2)项目成本(预算)节约情况

项目进行阶段性验收，不存在损失或浪费。

2. 项目的效率性分析

(1)项目的实施进度

实际进度与计划进度同期。

(2)项目完成质量

项目如期完成，实现预期成效。

3. 项目的效益性分析

(1)项目预期目标完成程度

项目如期完成，实现预期成效。

(2)项目实施对经济和社会的影响

邀请境外国家或地区的商界代表和国内各省市商界代表参加国际投资推介会，帮助海南参会企业发展对外贸易与投资，宣传了海南高尔夫旅游产业，提高海南国际旅游岛知名度，促进海南涉外贸易与投资的健康发展。引导高尔夫向全民健身、旅游休闲、大众消费经营方式的转变，满足不同人群的消费需求。

4. 项目的可持续性分析

逐步打造成宣传海南国际旅游岛和经贸交流合作的平台。

(二)项目绩效目标未完成原因分析

无

五、综合评价情况

宣传海南高尔夫旅游产业，宣传海南自贸区建设有关政策和成果，进一步提高海南自贸区知名度，促进海南涉外贸易与投资的健康发展。

六、主要经验及做法、存在的问题和建议

主要经验及做法：

(一)坚持资源共享

“海高博”与“创意周”等展会相互助力。一是“高球赛”以邀请海洋产业和创意设计领域高球爱好者为主，达到联合吸引境内外商界代表的效果；二是依靠“海洋展”强大的商业平台，利用“海洋展”的人气和买家吸引“商品展”的参展商，促进高尔夫旅游产业的发展。有机整合“海高博”高尔夫旅游业和“海洋展”海洋会展业，充分利用省政府把旅游、会展业作为我省重点扶持的十二大产业的发展契机，旨在协调发挥各自资源优势的基础上，达到资源共享，充分促进会展业与旅游业的有机融合，相互发展。

(二)注重以球促商

邀请境内外商界代表，充分领略美丽中国、健康海南的高球魅力，通过高球互动，商务洽谈，达到“以球会友、以球促商”的目的。此次“高球赛”以行业、地域或商协会为组队，分队比赛，让球员为集体而战，增强行业互动、行业交流、行业对接，以谋求强强联合，融合发展。

存在的问题：本届“海高博”对外宣传力度不够，没有很好地形成“品牌”宣传效应。

建议：提前运作，加大宣传力度。加大宣传，利用网络、报纸、微信等多媒体，多渠道，提前半年做好新闻宣传，有利于客商的邀请。

邀约嘉宾要提高针对性。邀约嘉宾方向以高尔夫旅游产业、医疗旅游行业、健康产业、海洋产业、通用航空(低空)、热带农业等为主，通过“高球赛”邀请省外或国际行业代表与省内行业代表或异地驻琼商会代表进行交叉式的友谊赛，实现“以球会友、以球促商”。

点评：该报告为针对展会活动绩效的评估报告，从项目基本情况、绩效目标、资金使用、资金管理等方面进行评估，评估指标确定相当科学合理。

■行动

根据“传统文化进社区”校园主题展的开展情况，撰写展会评估报告。

■反思

从厦门市规模以上会议项目申报材料、审查及评估操作流程看规范化操作流程。

>> 任务二　展会总结撰写 <<

■知识学习目标

1. 了解展会总结的概念。

2. 熟悉展会总结的写法。

■技能素养目标

1. 能辨别展会总结和展会评估。

2. 能撰写展会总结文案。

3. 践行社会主义核心价值观。

■问题

王总监负责的"国际教育游学展"展会项目已经结束，展会总体运作情况良好，但是也出现了一些细节方面的问题。为了总结展会整体运作情况，了解参展企业和观众反馈的各类问题，现在要求参与的工作人员进行工作总结，并撰写总结报告。

请思考：展会的总结报告应该从哪方面入手？

■认知

一、展会总结的概念

展会总结是指对展会相关工作进行回顾、分析和评价形成的文书。展会总结的作用是汇报工作、总结经验、提高会展管理效率，为以后的工作提供数据、资料、经验和建议。展会总结按内容分为管理类总结、组织类总结、参展类总结，按范围分为综合性总结和专题性总结。

展会总结和展会评估有相通之处，都是实施会展管理的必要手段。但展会总结偏重于总结展会管理和组织实施的具体做法、体会、经验和教训，提出改进的措施和努力的方向，方法上多采用定性分析法，属于自我总结；展会评估则偏重于对展会各项要素特别是社会经济效益进行客观评价，多采用定量分析法，由第三方组织评估。

二、展会总结的写法

(一)结构

标题＋正文＋尾部。

(二)条目

1. 标题

展会总结的标题有以下写法。

(1)公文式

发文机关＋时限＋事由＋文种，如"中国×博览会2013年招商工作总结"。

(2)文章式

揭示主旨，用于宣传，如"第×届×展再创新高"。

(3)综合式

正副标题，正标题用文章式，副标题用公文式，如"硕果累累，业绩傲人——

第×届×展工作总结”。

2. 正文

(1)开头

开头起总揽作用，简要说明本次展会的总体情况，概括展会工作的主要成绩、经验和问题。

(2)主体

主体按照“做法和成绩—经验和体会—问题和教训”的顺序展开，具体内容视总结主体而定，如展会策划工作、招商招展工作、宣传工作、服务工作、管理工作、财务工作、参展商和观众、展会同期活动等。

(3)结尾

结尾针对发现的问题提出解决办法和改进意见，提出未来工作的努力方向。

3. 尾部

尾部包括落款、成文日期，以及必要的附件。

(三)要求

1. 实事求是

总结要实事求是，既不夸大成绩，也不缩小问题。

2. 讲究时效

总结工作要在开展前就列入计划，指派专人负责，随时随地做好资料的收集工作。展后要及时整理资料，形成总结，为以后的工作提供借鉴。

■案例

案例 1

2017 厦门 VR/AR 博览会总结报告

展会时间：2017 年 3 月 24—26 日

展会地点：厦门国际会展中心

主办单位：中国太平洋学会海洋会展研究分会、北京×××展览有限公司

备受瞩目的国内首个 VR/AR 行业 B 端展会——中国(厦门)国际虚拟现实与增强现实博览会(简称 VRSD)于 2017 年 3 月 24—26 日在厦门国际会展中心 A4 馆顺利举办，并取得圆满成功。

一、展商分析

VRSD 作为国内首个 VR/AR 行业 B 端展会，涵盖了 VR/AR 硬件、技术、内容、应用和平台等领域，吸引了来自全国各地近百家知名参展商，其中××××××××等知名一线品牌企业代表的参展参会，无疑大大提高了展会的品牌形象与展示效果。

本届 VRSD 充分展示了 VR/AR 行业前沿的技术与应用，全国 VR/AR 发展较为快速的省市均有涉及，北京的参展商占比为 33%，广东的参展商和福建本地的参

展商各占比24%，上海、四川、天津、江苏、陕西、浙江等地也不乏优质参展商参展，让买家与观众看到了我国虚拟现实与增强现实前沿的技术、优质的应用案例和广阔的发展前景。

本届VRSD的展品范围中，VR/AR内容(应用)占比52%，VR/AR硬件占比20%，VR/AR技术占比16%，VR/AR服务平台占比12%。不同于国内其他C端体验类的VR/AR展，本届展会为VR/AR行业应用与传统行业需求搭建了对接平台，主要展示了VR/AR解决方案中的优秀案例和技术，凸显了展会的专业性与高端性，更为传统行业未来的发展提供了契机与帮助。(统计图略)

二、观众分析

厦门VR/AR展(VRSD)与多家VR/AR行业机构达成合作，如××××××××等，同时更广泛地与行业媒体进行深入合作，为了确保真正有决策能力与采购实力的专业观众到场参观洽谈，组委会成立了专业观众组织部，建立了庞大的买家数据库，通过微信、微博、电话、邮件、传真、短信等多种推广方式，定向邀请了教育、医疗、地产、家装、影视、旅游、娱乐、游戏等行业近4万名专业观众，同时向国内外有业务需求的行业机构直邮了超过5万份专业观众请柬，累计发放专业观众邀请函超过10万份。

为期三天的展会，吸引了来自全国各地的7321名专业观众观展，遍布全国30多个省市自治区，有来自美国、加拿大、乌克兰、澳大利亚等国的观众到场参观体验。福建省外专业观众占总人数的36%，彰显了VRSD强大的聚集辐射力。(统计图略)

专业观众行业分布广泛，涉及教育、医疗、地产、影视、军工、旅游、游戏、娱乐、VR/AR等行业(统计图略)。展会现场人气爆棚，其中教育行业占18%，工程类占13%，媒体/广告类占10%，旅游行业占6%，房地产/家装行业占6%，专业观众特征明显，寻求合作意向明确。××××××××等机构和企业的参观，为诸多参展企业带来了优质的买家资源。

问卷调查显示，90%的专业观众认为该展会是了解新技术新产品及行业信息的重要渠道；75%的专业观众认为本次展会专业，展品新颖，不同于其他VR/AR展会；67%的专业观众学习到了新的商业模式，找到了未来的合作方向；54%的专业观众表示会继续关注VR/AR未来的发展方向，认可VR/AR的行业前景。

三、同期活动

厦门VRSD同期举办了“中国(厦门)国际虚拟现实与增强现实高峰论坛”“VR/AR采购商与行业对接大会”“VR/AR创新与应用评选大赛”三大同期活动。

以“颠覆创新跨界融合”为主题的中国(厦门)虚拟现实与增强现实高峰论坛，汇聚了国家海洋局领导、厦门市政府领导、中美VR行业知名大咖、VR/AR龙头企业CEO等领导嘉宾。其中演讲嘉宾16人，特邀嘉宾27人，现场听会观众多达500余人。

中国太平洋学会副会长、秘书长盖广生主任发表致辞并提出中国太平洋学会愿意为海洋＋VR/AR搭建合作交流的平台，为下一步海洋各相关行业广泛应用VR/AR等高新科技打下坚实的基础，为我国海洋全行业的提速增效与转型升级做出积极的贡献。

教育部虚拟现实应用工程研究中心主任、中国虚拟现实与可视化产业技术创新战略联盟理事长周明全教授重点讲述VR元年我们的收获，2017年VR教育面临形势、任务和发展策略。

论坛除了对VR/AR政策作出解析，对国际市场和国内外VR/AR新技术、新产品市场潜力与发展方向作了分析，还对VR/AR行业应用创新发展作了深入分析，得到了现场观众的一致认可和好评。

“VR/AR采购商与行业对接大会”吸引了××××××××等200余家采购商机构到场洽谈。××××××××企业通过演讲、产品演示向采购商进行了充分的阐释，采购商就产品特点、市场推广、渠道开拓等进行了深度探讨。对接大会现场组建了“项目对接微信群”，为更多有合作意向的采购商与路演企业做好后续深度对接。

“VR/AR创新与应用评选大赛”收到了120部代表作品，涉及VR/AR＋教育、医疗、地产、影视、军工、旅游、游戏、娱乐等应用领域，其中22部作品脱颖而出，得到了组委会和专家评委的高度认可。大赛评选出VR技术最佳动作捕捉品牌、AR技术最佳市场服务品牌、VR/AR教育最佳市场服务品牌、VR硬件最佳设计品牌、VR娱乐最佳线下品牌、VR游戏最佳设计品牌、VR全景最佳技术品牌、VR/AR应用最具潜力品牌等奖项。获奖单位纷纷表示会继续秉承实干和创新的精神深耕行业，为VR/AR行业带来更多优质的产品和服务。

四、媒体宣传

VRSD展会的举办，得到了××××××××等近百家媒体在展会前期、中期、后期争相报道。

我们在许多方面和全球行业内的最好展会还是有差距的，在扩大展会规模、提高参展商质量、开拓国际市场、进一步提升展会服务等方面，我们还有很多工作要做。此外，邀请高质量的专业观众更成为第二届展会工作的重中之重。高质量的专业观众直接影响参展商的参展效益，第二届VRSD展会将从已有的8万观众数据库里筛选有效观众发送观众邀请函，同时重点加强与包括××××××等在内的主要行业数十家行业协会及重点机构合作，切实做好专业观众服务，从根本上提升VRSD展会的国际化水准，全方位地为观众和参展商提供优质服务。

厦门VRSD虽为首届举办，但因展会前期准备工作细致严密，在各合作单位齐心努力下，展会圆满顺利召开。应广大国内外参展商需求，第二届VRSD展会将于2017年11月在北京亦创国际会展中心继续举办，下一届的展会将从规格、规模、档次方面不断提升创新，感谢各位老朋友的继续支持，期待新朋友的加入！

点评：该展会总结从参展商、观众、宣传、特色活动等方面进行了总结，结构完整，总结要点准确，能真实反映出展会各方面活动的情况。

案例 2

2019 中国(上海)国际乐器展览会总结报告

· 展出规模达 145000 m^2，再度逆势增长

· 逾 177000 人次观展，汇聚行业各界人士

· 全球业界新品首发活动，打造国际乐器创新高地

· 聚焦美育新政、延展音乐教育板块，开拓潜在市场

· “中国交响 70 年”主题论坛，解读与新中国一同成长的历史与辉煌

· 100+位海内外嘉宾，70+场会议论坛，600+场户内外演出，音乐文化的饕餮大餐

由中国乐器协会、上海国展展览中心有限公司和法兰克福展览(香港)有限公司共同主办的 2019 中国(上海)国际乐器展览会(Music China 2019)于 10 月 10—13 日在上海新国际博览中心圆满落幕。

一、展会概况

近年来，乐器市场可谓几经动荡，在世界经济增长放缓、中美贸易摩擦、环保政策整顿、供给侧改革的重重压力下，乐器企业的生存空间面临空前挑战。在充满挑战的经济形势下，上海乐器展的行业聚拢力更备受业界关注。2019 年，上海乐器展规模再创历史新高，展区面积达到 145000 m^2，较去年增长 7000 m^2，共有来自 34 个国家和地区的 2414 家国内外企业参展，来自比利时、捷克、法国、德国、意大利、日本、荷兰、西班牙、英国、俄罗斯以及中国香港、中国台湾在内的 12 个国家和地区展团共同亮相。××××××××等国内外知名乐器企业和品牌携新品、精品展示。黄桥、扬州、贵州、漳州、无锡、桐乡、兰考等国内产业基地组团参展，展示乐器产品的同时，展现了当地的文化特色与产业集群。随着音乐教育市场的持续升温，展会的音乐教育展馆呈现了海内外各类培训模式与教学系统，通过市场的检验与整合，促进行业的良性发展与进步。

四天展期共吸引了 122519 名海内外观众，观众达 177845 人次，较去年分别增长 10%和 8%。来自全球的意见领袖、行业精英、教育专家、演奏大师、艺术大家等各界人士齐聚，全球无限商机尽现，是国内外商贸采购、企业品牌拓展、行业间互相交流学习的绝佳平台。展会专业观众的数量和质量稳步提升，获得了来自行业各方的认可。

(一)观众数据分析

95%的展商对现场订单表示满意；96%的展商通过展会建立了新的业务关系；98%的展商对观众质量表示满意；94%的展商对观众数量予以肯定。

（二）观众感兴趣的产品

产　品	2019 年	2018 年
钢琴及键盘	45%	40%
民族乐器	41%	41%
乐器配件	40%	36%
木吉他、弹拨乐器	39%	34%
打击乐器	37%	35%
音乐教育机构	36%	35%
铜管、木管乐器	35%	33%
乐谱书籍出版	35%	31%
电声乐器	31%	29%
提琴	24%	23%
音乐相关电脑硬件软件	33%	20%
口琴手风琴	13%	12%
协会/媒体	15%	12%
其他	1%	2%

数据显示基本反映了各类产品的受关注度，钢琴、木吉他增长较为显著。

（三）观众业务性质

<table>
<tr><th>观众群体</th><th>2019 年</th><th>2018 年</th></tr>
<tr><td>社会音乐培训机构</td><td>25%</td><td rowspan="2">47%</td></tr>
<tr><td>音乐类院校、艺教中心</td><td>18%</td></tr>
<tr><td>零售/批发</td><td>14%</td><td>13%</td></tr>
<tr><td>文艺团体</td><td>9%</td><td>7%</td></tr>
<tr><td>进出口/代理/经销</td><td>9%</td><td>5%</td></tr>
<tr><td>制造商</td><td>8%</td><td>5%</td></tr>
<tr><td>青少年活动中心/中小学/大学</td><td>6%</td><td>8%</td></tr>
<tr><td>协会</td><td>2%</td><td>3%</td></tr>
<tr><td>媒体</td><td>2%</td><td>2%</td></tr>
</table>

从观众的群体分类来看，来自社会音乐培训机构，音乐类院校、艺术中心，零售/批发，进出口/代理/经销的观众为展会观众的主要组成部分，专业观众占了展会参观人群的90%以上，商贸、教育类观众依然为展会群体的核心组成。

(四)参观目的

参观目的	2019年	2018年
看样订货	55%	55%
收集市场和产品信息	53%	48%
寻求合作伙伴	30%	30%
比较不同产品/供货商/同行对手	30%	26%
联络固有的供应商和销售商	24%	24%
参加会议论坛	13%	15%
观看现场表演、活动展区	9%	15%

观众参观目的数据调研分析显示，收集市场和产品信息、比较不同产品/供货商/同行对手的需求比例上升了9个百分点，参加会议论坛和观看现场表演、活动展区的人群的比例下降了8个百分点，看样订货、收集市场和产品信息、比较不同产品/供货商/同行对手、寻求合作伙伴的需求占了大部分，其中看样订货的比例更是达到了55%，展会的贸易洽谈、国际合作、同行交流的商贸平台作用越来越显著和稳固。

二、同期活动

(一)以创新助推产业升级，以科技引领行业进步

1. Music China全球业界新品首发平台系列活动

展会倾力打造全球业界新品首发平台系列活动，旨在提升乐器企业科创研发能力，将展会打造成行业的新品聚集地、传播孵化点、创新推动器。一经推出，即受到了行业广泛关注，多家企业踊跃参与。展会特邀多位行业专家、音乐演奏家、教育家、专业媒体组成评委会，从创新理念、工艺质量、产品设计、市场预期、环保健康五大维度进行评审，在众多入围新品中优选出了20个具有创新性、实用性和时代感的“首发新品”进入展期特设的首发新品展示区。展会首日为20家入围企业举行了盛大的授牌仪式，并提供了产品路演、媒体专访、专家点评、VR展示、网络直播等一系列强势宣传，为新产品的发布提供推广渠道。

2. 音乐实验室

展会新型活动区“音乐实验室”，涵盖了MIDI技术、音乐制作、数字音乐、电声产品、DJ设备等内容。历经三年打磨，已初具规模，活动内容不断升级，创新理念深入人心。活动区分为互动展示区、访谈演出区、游戏体验区，总面积达1500 m^2。互动展示区内××××××××等圈内大品牌纷纷展出潮流新品；游戏体验区内，各路玩家在设备上尽情体验音乐制作软件；访谈演出区邀请到××××××××等知名音乐人分享业内经验，吸引了大批音乐玩家驻足，成为行家交流的集聚地。

(二)国际论坛引领行业方向，实操课程指导专业实践

1. NAMM CMIA 行业论坛

行业论坛一直以其“聚焦热点”的选题、“中西合璧”的嘉宾、“多元广角”的视点和“引领行业”的导向，受到中国乐器行业上下的一致关注。今年的论坛围绕“乐器集体演奏——快乐音乐分享”展开了热烈研讨。来自国内外的业界领袖、专家大咖，包括××××××××以各自浸淫行业多年的亲身实践，深入探究论坛主题，在观点碰撞中为中国乐器行业寻求更多的发展思路。

2.“如何操作”——经销商培训课程

每年一度的经销商培训课程，已成为中国乐器从业者必到的专业提升平台。今年邀请到国内知名琴行及艺校管理者××××××××等展会老朋友，为广大从业者带来本土发展的最新策略与成功经验，也首次加入了××××××××为行业分享了更加新鲜的视角。两位来自美国乐器行业的一线专家也不吝分享了国际同行的实践经验。两天的八节课程，精彩连连，场场爆满，共吸引了 3000 余名来自全国各地琴行的专业听众。

3. 国际 MIDI 技术与交流论坛

为探索 MIDI 的技术创新和应用领域、接轨国际 MIDI 行业的最新发展趋势，展会连续六年举办了上海国际 MIDI 技术发展和应用论坛。论坛始终关注世界前沿的 MIDI 技术，设置了技术讲座、圆桌论坛等活动，探讨 MIDI 应用和发展前景。本届论坛邀请了××××××××等国内外先锋人士作为演讲嘉宾，与业内人士和 MIDI 爱好者共享专业权威技术，引领行业技术发展。

4. 钢琴高级调律师培训讲座

往年安排半天内容的钢琴高级调律师培训讲座，以其国际化与专业性的知识分享，广受中国调律师的欢迎。为了满足业界急需专业提升的现状，今年的讲座扩充为整日的内容。本次专家分别来自××××××××，专家们在讲座现场进行了专业示范与详细讲解。紧凑充实的四节讲座，吸引了近 200 名中国调律工作者与会学习。

(三)提升中国音乐教育水平，为乐器产业发展蓄能

1. 新时代美育论坛

由中国教育学会主办的第二届“中国音乐教育大会”今年在展会期间举办，1500 余位来自各级各类学校、幼儿园、教培机构的教育工作者、院校专业师生与会并参观了上海国际乐器展。展会现场也增设了新时代美育论坛，为体制内外音乐教育与乐器行业打通对接渠道。论坛由×××主持，×××××××等逐次登台，分享器乐教育进入中小学的实践案例，吸引了众多音乐教育从业者和乐器企业经营者的积极参与。

2. 教育大师班

作为展会长期坚持的品牌活动，每年的教育大师班都是中外音乐教育名家齐聚

授教的大讲堂。今年有幸邀请到××××××××。中外著名音乐教育家先后现身说法，分享话题聚焦在婴幼儿音乐启蒙、教育心理学、钢琴、吉他、爵士鼓和音乐教学法。嘉宾们娓娓道来，既为广大音乐师生传道授业，亦为众多琴童家长答疑解惑，分享教与学两大方面的经验得失。六场大师班场场爆棚，现场吸引了超过1500人次的听众。

3. 音乐分享课

音乐分享课聚拢了社会音乐培训知名品牌，着力聚焦中国音乐教育市场的最新风向。分享课一向兼顾教育理念与教学模式，助推音乐教育事业的健康有序发展。今年共开设了17节课，涵盖钢琴、吉他、打击、智能乐器等教学门类，亦涉及音乐启蒙、音乐治疗等多个热门话题，汇聚了××××××××等国内外音乐教育专家，××××××××等一批知名机构带来不同的教育模式分享，共吸引了逾2100名关注音乐教育的听众朋友参与。

4. music + Talks TM

今年展会开启了一项全新的教育主题活动——music + Talks TM，致力于为中国广大的社会音乐教育工作者提供国际性的专业教育、交流和服务平台。活动形式相当新颖，由音乐家、专家学者、音乐教师共同参与并完成活动内容，有效实现针对痛点、教学相长的目标。在四天的展期中穿插了主题讲座、工作坊、互动论坛、音乐教育海报展及优秀海报演讲分享、儿童音乐工作坊等多种活动形式，注重分享与体验联动，聆听与交流结合，有效帮助与会的音乐教师拓展国际视野、提升教学能力，首次活动即获得广泛好评。

5. 儿童音乐城堡

儿童音乐城堡是展会专为4～14岁的儿童打造的音乐趣味乐园。今年特邀了教育专家根据当下儿童的身心特征，精心设计了欢乐小鼓手、音乐爬爬梯、魔法大门、AR音乐绘本、神奇音乐积木桌、音符宝宝躲猫猫、音乐星球花园等妙趣横生的互动项目。成功将音乐与科技进行融合落地，通过形式各样的互动游戏，寓教于乐，帮助孩子们深入浅出地了解乐理知识。现场吸引了来自沪上多家音乐特色幼儿园与小学的师生们实地体验，每个体验项目前排队的孩子络绎不绝，探索与学习音乐的热情高涨。

(四)名师大家亲临现场，传扬中外音乐精粹

1. 华乐国际论坛

致力于传播中国传统民族音乐文化的华乐论坛，今年在传统古韵中新添了几分创意色彩。××××××先后带来了融入创变思维的民乐演奏，对传统民乐多元性与未来感的激发在现场引起高潮不断。论坛也有幸邀请到传统民乐艺术家××××××××，为大家再现琴筝古老韵律。从传承到创新，华乐论坛联结起传统国乐的旧颜和新貌，唤醒民族音乐在走向世界舞台的征途上所迸发的无限可能。

2. 中国传统人文空间

展会在E7民乐馆内专门开辟了150 m^2 的中国传统人文空间，打造专注传播中国人文生活方式的公益活动展区。活动区设计融会国学经典元素，以中式家具、各色器物立体烘托，体现了国风美学的基底。此次活动主线是中国民乐，但茶、花、书、画等中国传统文化元素一应俱全。展期内既邀请到××××××××等国乐艺术家现场演奏与分享，亦有花道、茶艺领域的专家来此做客，共传国之风雅，散播传统之美。

3. 艺术沙龙

今年的艺术沙龙嘉宾云集，高朋满座，迎来了多位享誉中外乐坛的音乐艺术家。首场沙龙“中国交响70年”高峰论坛分量极重，由×××主持，××××××××一齐亮相，立足国际语境，共同回望与梳理中国交响乐征程上的重大事件。此外，××××××××就器乐学习、古典音乐普及等话题展开了精彩分享。整个沙龙活动在悠扬美妙的××四重奏音乐会中画上了优美的句号。

4. 提琴制作大师工坊

今年提琴工坊的制琴师阵容、展示工艺、场次数量均比往年更加丰富、多元。此次邀请到了九位制琴师及制弓师现场献技，他们分别来自中国和意大利两大制琴国度。各位制作大师倾囊而授，为广大同行们带来零距离的学习与求教的机会。首场制作交流即由×××领衔，××××××××随后带来各自多年专业积累，一展中国顶尖制琴师的风采。××××××等三位意大利制琴师也陆续展示了代表国外一流水准的制琴技艺。

(五)三大赛事发掘新生力量，推动本土音乐产业发展

1. 第二届“爵士高手　乐坛争霸”赛

展会与×××联手推出的重磅级音乐赛事——“爵士高手　乐坛争霸”如期归来。大赛不设任何门槛限制，只为全球爵士爱好者提供一展风采的舞台。两大优质平台联袂，不仅带来世界一流音乐家组成的强大评委阵容，更有××全国巡演计划参演名额、现金等丰厚奖品加持。集结散落在民间的爵士新势力，一同绽放中国爵士乐坛的耀眼光芒。60天海选征战，近百组参赛作品，26组乐人现场同台竞艺，自由与即兴的声音迸发出强烈的化学反应，带给听众前所未有的听觉冲击。该人气赛事尽显爵士魅力，助推了中国爵士乐的推广与人才培养。

2. 第二届EDM电子音乐原创大赛

大赛由展会与×××联合主办，旨在推动发掘国内最具潜力的优秀电音制作人、DJ。专家评审委员会由×××××××××组成，彰显比赛的专业性和权威性。本次大赛共收到来自中国、加拿大、英国、美国、澳大利亚、韩国等国家的326首参赛作品。经过严格评选，最终有18首作品入围决赛。决赛现场，通过音频播放、现场DJ表演或参赛选手与合作歌手共同表演的方式，展开了一场电子音乐和原创才华的实力比拼，最终决出大赛冠、亚、季军及三个优秀作品奖。

3. 2019首届国际电子音乐大赛

展会主办方与上海计算机音乐协会联合举办的“2019国际电子音乐大赛(IEMC)”，聚焦当代国际领先的数字音乐科技领域的技术研发、行业应用与艺术创新。大赛邀请了××××××××等著名音乐制作人以及××××××××等国内顶尖音乐院校的学术派专家，组成大赛专业评审委员会，对参赛作品进行综合评定。经过初选、复选环节，最终20首作品入围决赛，并在展会现场举行了盛大的颁奖仪式。××××××××等嘉宾也亲临现场，为获奖选手颁奖。

4. 声色无限，“乐”动人心

户外三大舞台连番上演“音乐缤纷季”现场演奏会，以近百场的音乐现场，为展会掀起一阵阵的热浪。乐手们精湛的演绎，感染着现场的每一位观众。×××用精湛的推弦、揉弦、速弹、点弦、扫弦等吉他技巧，将音乐特有的旋律和个人的吉他风格融为一体；×××精准的鼓点中，高超音乐造诣一览无余；×××将跳动的音符和变幻的节奏，于挥舞的指间编织出一首首华丽的乐谱……

5. 展会的公益之心——“音乐开启心灵”关爱自闭症儿童公益活动

随着影响力的不断提升，展会自发承担起了更多的社会责任。自2014年起正式发起“音乐开启心灵”公益项目，六年来展会持续为多家辅读学校、康复机构带去爱心馈赠，惠及江浙沪地区的近千名自闭症儿童。今年我们将爱延续，在展期设立“有爱咖啡馆”，为自闭症儿童提供岗位培训和社会实践的基地。现场还特邀××××××××作为爱心大使，与孩子们合奏互动。此次募得小号、长笛、黑管、电子琴、非洲鼓、吉他、尤克里里等多品类乐器以及乐谱书籍，加上展会认捐的咖啡爱心善款及现场咖啡售卖款，均定向捐赠给了沪上10多家自闭症机构，为来自星星的孩子们提供更多维度的帮助。

三、媒体推广综述

展会通过线上线下全方位联动、专业媒体与公众媒体相结合的方式，在展前、展中、展后，向乐器行业相关从业人员及音乐爱好者、消费终端进行全面报道。在运用传统且有效的推广方式的同时，也进行了新渠道的拓展和开发，使得广大观众能通过多种途径第一时间了解到展会信息。

展会历经18年的发展，已经积累了逾50万的观众数据，覆盖全球经销代理商、音乐院校、演出团体、音乐家/艺术家及广大爱乐人，并通过直邮、短信、电子展讯、电话邀约、微信推送、社群发酵等多种方式，配以新品速递、品牌介绍、活动预览等特色板块，针对不同群体进行精准定位及个性化宣传，为不同观众提供有效信息。

专业媒体方面，甄选了海内外报纸杂志17家和10家网站、1家电台、逾50个微信公众号，针对琴行经营从业者、音乐教师群体、社会音乐教育培训机构从业人员等，在前期宣传、现场采访、展后总结等各方面对展会进行了全方位的报道。媒体通过对展会期间的展品发布、行业领袖采访、同期行业活动的深度报道，将业内热点问题迅速传播，使所有从业人员能第一时间获取行业最新资讯。

公众媒体针对消费终端及音乐爱好者，共选择了9个电视频道，12个电视栏目，3个电台频道，7个广播栏目，美国、欧洲、拉美、亚洲等逾1200个海外网站，美通社大陆地区逾500家媒体进行多轮宣传，媒体曝光量近10万。上海本地及中央电视台的多个重要栏目到场拍摄，海内外杂志网站都进行了专题报道，采用了软性广告和新闻报道相结合的形式，并在门户网站和客户端上做了较大突破和大胆尝试，更多在PC端和手机端进行投放，于多个重量级央媒上推广预热，为展会带来了更多的热度，提升了展会影响力。

在新媒体的推广上展会也是不遗余力，视频直播、朋友圈、今日头条、门户网站、搜索引擎、媒体KOL等多方位的推广，交织起展会的信息网，为不同使用习惯的观众提供多种类的信息接收方式。本届展会搜索引擎关键词达3万余条，网络直播累计观看人次逾36万人次。此外，值得一提的是今年展会还新增了微信小程序功能，让观众能够第一时间了解展会动态、活动日程、新品发布等信息，还能通过手机端一键实现展会预登记、活动报名等操作，并新增了点赞和评论功能，增加与参展企业之间的互动联系，为观展提供便捷，提升体验感。

四、展会服务

为优化企业参展与观众观展的环境，展会主办方一直在不断改进和提高展会服务，为参展商提供更为人性化的服务。从意见征询表的统计和会后的电话回访情况来看，主办方的服务得到了众多参展企业的认可，98%的展商对主办方展前工作及现场服务表示满意。

(一)音量控制

由于乐器发声的客观需求，展会的音量一直以来是展商和观众最为关注的问题之一。更好地优化展会洽谈环境，管理音量噪声问题也是目前的主办方展会服务的工作重点。本次展会设置了静音馆和有声馆，区分有展台演出和无展台演出的展馆；前两日专业观众参观日的上午全场禁演，创造安静的洽谈环境；对于有演出的相邻展台，也错开了场次，尽可能地减少干扰与噪声叠加。此外，加强现场巡查管理，对于违规企业，根据严重程度，采取没收押金和停电的处罚措施。

虽然管理过程中，会有很多问题与难点，但是主办方将会一如既往，砥砺前行。在此，也倡议所有的展商积极配合主办方的工作，良好的展会环境需要大家共同努力，自觉遵守相关规定，每个企业都从自己做起，不要互相看样、比拼音量，这样既影响了别人，又不利于自身，美好的环境需要大家共同来创建。

(二)展馆新规

随着乐器展馆对安全管理的日益加强，近年来逐步增加了车辆入场轮候证、空箱堆放收费管理、严禁携带KT板、展位搭建材质的清理等多个新规，主办方接到展馆通知后也第一时间制作了展商手册、布展须知、现场指南等文件，通过邮件、短信、邮寄、官方微信等方式告知参展企业，帮助企业更便捷地做好展前准备工作，在现场也给予广大企业相关协助。与此同时，也希望广大企业积极配合展馆的相关规定，共创良好的参展环境。

（三）在线互动

为帮助展商更便捷地参展备展、最大化利用贯穿全年的行业宣传平台，经过主办方多年的精心打造，展会官网、微信、展商在线服务平台已日趋成熟，完善了在线展位预订、提交资料、上传展品介绍及视频、在线邀请客户免费观展、获取展会资讯等多项便捷服务。今年更是在往年基础上，增设了官方微信的小程序功能，与官网展商在线平台联通，在提供更便捷和更为人性化的服务同时，实现了参展商和展会观众的互动联系。展品速递板块不仅为展商提供了365天不落幕的展示空间，而且增设了观众点赞、评论功能，为企业了解观众需求、观众及时获取企业信息搭建了良好的互通桥梁和有效联动，使展商与观众的互动和展会的平台作用延伸至全年。

本届上海乐器展已落下帷幕，在此我们衷心感谢一直以来给予我们关心和指导的各方领导及合作伙伴，感谢长久以来支持和理解我们的参展企业，感谢始终关注我们的广大观众朋友们，正是有了你们的参与和肯定，上海乐器展才能成为备受瞩目的业界盛会，才有了今天的辉煌。

2020年10月28—31日，中国（上海）国际乐器展览会，与您再次相约新国际博览中心！

（联系方式略）

中国（上海）国际乐器展览会组委会

2019年11月

点评：该展会总结结构完整，内容翔实，要点总结比较到位，数据真实可靠。

■行动

请根据“传统文化进社区”校园主题展的开展情况，撰写展会总结报告。

■反思

2020年6月15日，为期10天的第127届广交会在“云端”开幕，约2.6万家企业参展。这是我国首次将广交会整体性“搬上云端”。此次展会形态可否延续？有何亮点？广交会新闻发言人、中国对外贸易中心副主任作出了本届云端广交会的总结报告。

>> 任务三 展后信函撰写 <<

■知识学习目标

1. 了解展后信函的概念和作用。

2. 熟悉展后信函的结构。

■技能素养目标

1. 能辨别展后信函的内容。

2. 能撰写展后信函。

3. 培养遵纪守法、爱岗敬业、无私奉献、诚实守信的职业品格。

■问题

王总监负责的“国际教育游学展”展会项目已经结束，为表示对参展企业，尤其是龙头参展企业的感谢，以及对邀请的重要买家的感谢，王总监安排相应的部门给相关人员发送展后信函。

请思考：针对不同的客户发送的展后信函的内容有什么不同？一般的展后信函应该包含哪些方面内容？

■认知

一、展后信函的概念和作用

展后信函指展会结束后，根据在展会上收集到的联系资料，给利益相关者发送信函。

参展商给新老客户发送信函，便于交易达成；组织方给各类合作伙伴发送信函，有利于树立展会品牌形象。

二、展后信函的写法

(一)结构

标题＋称呼＋正文＋结语＋落款。

(二)条目

1. 标题。

标题可以只写文种，如“感谢信”；也可以采用“发件人＋收件人＋文种”的结构，如“××展会致××的感谢信”。

2. 称呼

收件人不确定时，可用尊称，在“尊敬的”后加称谓并加冒号，如“尊敬的先生/女士”。

收件人是单位时，可直接写该单位的全称，如“××公司”。

3. 正文

正文简要阐述展会过程中双方交往历史，阐述感谢理由，突出对方的重要性，对未来的合作提出建议与希望。

4. 结语

结语要表示敬意，如“此致敬礼”等。

5. 落款

落款写发件人的单位名称或个人姓名，署上成文日期。

(三)要求

1. 内容真实

展后信函切忌夸大其词，感谢内容要真实，态度要真诚，评价要客观。

2. 注重时效

展后信函要注意把握时效性，适当的发送时机将有利于激活潜在客户，巩固双方合作关系。

3. 叙事简练

展后信函详略处理要得当，篇幅不宜过长，用语简洁精练，点到即止。

■案例

案例 1

2012 国际太阳能产业及光伏工程(上海)展览会暨论坛展后信函

SNEC 各界光伏同盟：

由中华人民共和国科技部批准(国科外审字〔2011〕0253 号)，上海新能源行业协会(SNEIA)等牵头并邀请亚洲光伏产业协会(APVIA)、美国太阳能行业协会(SEIA)、日本太阳光发电协会(JPEA)等 17 个国际机构和组织联合主办的“SNEC 第六届(2012)国际太阳能产业及光伏工程(上海)展览会暨论坛”已经圆满落下大幕。

本届展会规模恢宏，刷新多项历史纪录。参展商突破了 2300 家，展览面积达到 20 万 m^2，专业观众达到了 20 万人次，参加会议的观众达到 4000 多位，场场爆满，座无虚席。以×××××××××为首的 300 多位世界著名的学者专家以及光伏界顶尖的 CEO 们为本次大会 24 场会议做了精彩的演讲。在“两会”举行之际，包括中央电视台、新华社、人民日报在内的 100 多家中外综合或专业媒体纷纷派驻记者奔赴现场，对 SNEC 展会进行了报道和关注。

SNCE 同期举办的“全球光伏领袖对话”，汇集了欧美亚三方论道，共同探讨全球光伏产业健康持续发展之路，并发表了《全球光伏产业共同宣言(上海宣言)》，加强了合作，开拓了光伏产业发展新的空间。SNEC 大会是一次成功的大会，收获的大会。

为此，特别感谢各位光伏界同盟参加此次展览会，没有你们的支持，就没有如此恢宏的展览会，没有你们的坚持，就没有光伏产业的明亮未来。期待我们 2013 年 5 月 13—15 日再相会，期待我们今后进一步加强合作，为中国乃至世界光伏产业的更好更快发展，做出更大贡献。

SNEC 第六届(2012)国际太阳能产业及光伏工程(上海)展览会
暨论坛组织委员会
2012 年 6 月 14 日

点评：这是一篇写给展会利益相关者的感谢信，信中重点强调了本次展会的成绩，以及对下一次合作的企盼。美中不足的是此封信函属于群发性质，宣传与沟通效果会受到影响。

案例 2

第五届中国国际集成定制家居展览会暨第十七届中国国际门业展览会
致参展商的一封感谢信①

感谢有您，一路同行

尊敬的参展商朋友们：

您好！

在您的热情参与和大力支持下，第五届中国国际集成定制家居展览会暨第十七届中国国际门业展览会已于2018年3月24日圆满落幕！

无论您是我们长期合作的伙伴，还是刚刚相识的新朋友，在第五届中国国际集成定制家居展览会暨第十七届中国国际门业展览会上，我们相聚在一起，深切感受到了您的友情和热情。在此，我们真诚地说一声：谢谢！

展会自举办以来备受业界瞩目，每一届展会的成功举办都离不开您的积极参与！今年，13万m^2展出面积，因为您忙碌的身影而变得美丽！来自海内外的15万观众，因为您优质的产品而不虚此行！本届展会，更是因为您的参与而精彩纷呈！

在本届展会上，有许多朋友了解到行业发展新动态，找到新商机，达成合作意向。对此，我们深感欣慰，这也将激励我们以最大的努力来回馈您的支持。我们衷心希望您的这次展会之行能留下美好而愉快的回忆！接待服务不周之处，敬请谅解！

最后，再次感谢各位家居行业的展商朋友们参加此次展览会，没有你们的支持，就没有如此恢宏的展览会，没有你们的坚持，就没有家居产业的明亮未来！

温馨提示：2019第六届中国国际集成定制家居展览会暨第十八届中国国际门业展览会，将于2019年3月15—18日，在北京中国国际展览中心新馆举行，请您提前预订展位！

展商朋友们，让我们期待明年再会！让我们携手共创新的辉煌！

中国国际集成定制家居、门业展览会组委会

×××展览策划有限公司

2018年3月24日

■行动

请撰写一封感谢信，发给“传统文化进社区”校园主题展的赞助单位、支持单位、合作媒体。

---

① 本案例来自中国国际集成定制家居展览会、中国国际门业展览会官网，引用时有删改。

■反思

在展会上，由于参展时间紧张，客户通常都不会花太多时间与参展商详细洽谈，只是看看产品，然后留下参展商的联系方式，希望展会结束后根据自己感兴趣的产品与参展商联系，并让参展商报价。那么作为参展商，展会结束后该做些什么？

参考文献

[1]安德森. 长尾理论[M]. 乔江涛，译. 北京：中信出版社，2006.

[2]安德森. 免费：商业的未来[M]. 蒋旭峰，冯斌，璩静，译. 北京：中信出版社，2009.

[3]奥格威. 一个广告人的自白[M]. 林桦，译. 北京：中信出版社，2008.

[4]奥斯特瓦德，皮尼厄. 商业模式新生代[M]. 王帅，毛心宇，严威，译. 北京：机械工业出版社，2012.

[5]鲍德里亚. 消费社会[M]. 刘成富，全志钢，译. 北京：中国社会科学出版社，1970.

[6]陈晶. 自媒体 2.0：网络直播"星"力量[M]. 北京：清华大学出版社，2018.

[7]丁剑冰. 中国品牌史[M]. 北京：中国文史出版社，2020.

[8]东东枪. 文案的基本修养[M]. 北京：中信出版社，2019.

[9]丰信东. 小丰现代汉语广告语法辞典[M]. 北京：中国青年出版社，2004.

[10]冯友兰. 中国哲学简史[M]. 北京：北京大学出版社，2012.

[11]哈里森. 引爆创意[M]. 杨凯，赵雯婧，译. 北京：世界图书出版公司北京公司，2013.

[12]黄升民，赵新利，张驰. 中国品牌四十年(1979～2019)[M]. 北京：社会科学文献出版社，2019.

[13]加布尔雷斯. 商业的奥秘：是什么，做什么，怎么做？[M]. 派力，译. 北京：企业管理出版社，2011.

[14]加洛. 乔布斯的魔力演讲[M]. 徐臻真，译. 北京：中信出版社，2010.

[15]金，莫博涅. 蓝海战略：超越产业竞争，开创全新市场[M]. 吉宓，译. 北京：商务印书馆，2005.

[16]科特勒，卡塔加雅，塞蒂亚万. 营销革命 3.0：从价值到价值观的营销[M]. 毕崇毅，译. 北京：机械工业出版社，2019.

[17]科特勒，凯勒，卢泰宏. 营销管理：13 版・中国版[M]. 北京：中国人民大学出版社，2009.

[18]科特勒，罗伯托. 社会营销[M]. 俞利军，邹丽，译. 北京：华夏出版社，2003.

[19]克朗普顿. 全球一流文案：32 位世界顶尖广告人的创意之道[M]. 邹熙，译. 北京：中信出版社，2013.

[20]勒庞. 乌合之众：大众心理研究[M]. 吕莉，译. 北京：电子工业出版社，2015.

[21]黎万强. 参与感：小米口碑营销内部手册[M]. 北京：中信出版社，2014.

[22]黎运汉，盛永生. 汉语修辞学[M]. 广州：广东教育出版社，2010.

[23]里斯，特劳特．定位[M]．王恩冕，于少蔚，译．北京：中国财政经济出版社，2002.
[24]刘勰．文心雕龙[M]．沈阳：春风文艺出版社，1999.
[25]路易斯，皮茨．蔚蓝诡计[M]．何辉，译．北京：华文出版社，2010.
[26]马克思．1844经济学哲学手稿[M]．北京：人民出版社，2018.
[27]麦基．故事：材质、结构、风格和银幕剧作的原理[M]．周铁东，译．天津：天津人民出版社，2014.
[28]明托．金字塔原理[M]．王德忠，张珣，译．北京：民主与建设出版社，2002.
[29]佩克顿，布劳德里克．整合营销传播 [M]．2版．王晓辉，霍春辉，等译．北京：经济管理出版社，2008.
[30]斯特莱登．强关系：社会化营销制胜的关键[M]．魏薇，译．北京：中国人民大学出版社，2012.
[31]松浦弥太郎．思考的要诀：松浦弥太郎的幸福工作术[M]．洪逸慧，译．重庆：重庆出版社，2016.
[32]苏立文．文案发烧[M]．赵萌萌，译．北京：中国人民大学出版社，2010.
[33]特劳特，里夫金．与众不同：极度竞争时代的生存之道[M]．火华强，译．北京：机械工业出版社，2009.
[34]田友龙，孙曙光．链接：社交时代的品牌法则[M]．北京：清华大学出版社，2019.
[35]吴凡．传播学概论[M]．杭州：浙江工商大学出版社，2012.
[36]西奥迪尼．影响力[M]．陈叙，译．北京：中国人民大学出版社，2006.
[37]习近平．习近平谈治国理政：第1卷[M]．北京：外文出版社，2014.
[38]习近平．习近平谈治国理政：第2卷[M]．北京：外文出版社，2014.
[39]习近平．习近平谈治国理政：第3卷[M]．北京：外文出版社，2020.
[40]习近平．在文艺工作座谈会上的讲话(2014年10月15日)[M]．北京：人民出版社，2015.
[41]休格曼．文案训练手册[M]．杨紫苏，张晓丽，译．北京：中信出版社，2011.
[42]徐志斌．社交红利[M]．北京：北京联合出版公司，2013.
[43]许舜英．我不是一本型录[M]．桂林：广西师范大学出版社，2013.
[44]扬．创意[M]．李旭大，译．北京：中国海关出版社，2004.
[45]叶茂中．冲突[M]．北京：机械工业出版社，2017.
[46]叶小荣．微商电商直播：经典案例＋最新方法＋使用技巧[M]．北京：清华大学出版社，2018.
[47]赵家祥，王元明．马克思主义哲学原理 [M]．北京：中国人民大学出版社，2005.